AF664578

WERDE UNWIDERSTEHLICH

Wie du zur selbstbewussten Frau wirst und dir endlich deinen Traummann angelst.

DARIUS KAMADEVA

Das Werk einschließlich aller seiner Teile ist urheberrechtlich geschützt. Jede Verwertung ist ohne Zustimmung des Verlags unzulässig. Das gilt insbesondere für Vervielfältigungen, Übersetzungen, Mikroverfilmungen und die Einspeicherung und Verarbeitung in elektronischen Systemen.

Copyright © 2018 Infinitas Media ÖU
Narva mnt 5, innere10117 Tallinn, Estland

Gedruckt von Amazon Media EU S.à r.l.
'5 Rue Plaetis, L-2338, Luxemburg

ISBN-13: 978-9949-88-750-7

WIDMUNG & DANKSAGUNG

Ich widme dieses Buch allen Menschen, die tief in sich danach streben eine bessere Beziehung zu sich selbst und anderen zu führen. Allen Menschen, die danach streben in einer liebevollen und sicheren Gesellschaft zu leben. Ich hoffe, mit diesem Buch, zu dieser Entwicklung beitragen zu können. Ich möchte mich bei meiner Partnerin Freya für all die wundervollen Erkenntnisse und Erfahrungen, die ich in unserer liebevollen Partnerschaft habe sammeln dürfen, bedanken. Du bist so viel weiser, als ich jemals in Worte fassen könnte. Danke, dass ich von dir lernen darf und wir unser Leben gemeinsam meistern. Ich danke meiner Oma und meiner Mutter, dass sich mich auf meinem Weg durchs Leben unterstützt und begleitet haben. Genauso möchte ich mich durch die Unterstützung meiner Familie bedanken und dieses Buch ebenso ihnen widmen. Vielleicht hilft es euch ebenso, eines Tages, glücklichere Beziehungen zu führen. Ich danke meinen engen Freunden für die Jahre loyaler Freundschaft. Allen voran Emin, Kabi, Paul, Reiner, Oli, Ali (und Ali), Marius, Benni, Anika, Ole, Steffen, Norman und allen anderen. Es sind zu viele, um alle beim Namen zu nennen. Ihr wisst, wer ihr seid und hoffentlich, wie dankbar ich für jeden Einzelnen von euch bin. Danke für die Unterstützung in schweren und das Genießen in schönen Zeiten. Ich danke meinem gesamten Team, für den unbändigen Drang diese Welt zu einem liebevolleren und bewussteren Ort für uns alle zu machen. Ich danke euch dafür, dass ihr euch gemeinsam mit mir immer wieder die Nächte um die Ohren schlagt, weil es keine Option ist, dass wir unser Ziel nicht erreichen. Danke Dario, Annso, Oli, Lene, Helga und allen, die überhaupt erst möglich machen, dass ich Millionen von Menschen mit meiner Arbeit berühren kann. Danken möchte ich auch Enrico, der dieses Buchprojekt als Verleger realisiert. Danke für deine Geduld und deine Beharrlichkeit. Ohne dich wäre dieses Buch wahrscheinlich erst in 3 Jahren, wenn überhaupt fertig geworden. Ebenfalls gilt mein Dank Jutta für die Unterstützung bei der Korrektur des Buchs.

INHALTSVERZEICHNIS

VORWORT

Mein Name ist Darius Kamadeva und ich helfe seit mittlerweile mehr als zehn Jahren Menschen dabei, erfolgreichere, glücklichere und liebevollere Beziehungen zu führen. Meine Aufgabe ist es, Dir zu zeigen, wie Du Dich als die Frau, die Du bist, annehmen und lieben kannst. Wie Du die Fehler und Verzweiflung der Vergangenheit hinter Dir lässt und wie Du endlich den Mann in Dein Leben ziehst, der Dich wirklich von ganzem Herzen glücklich macht (das kann übrigens auch der Partner sein, mit dem du bereits zusammen bist).

Ich möchte Dir von nun an dabei helfen, Männer zu verstehen und den einen besonderen Mann, von dem Du heimlich träumst, so verrückt nach Dir zu machen, dass er ohne Dich einfach nicht mehr leben möchte. Ich möchte Dir die Lösungen und Antworten geben, nach denen du suchst. Lösungen für Probleme, die (fast) alle Frauen erleben, wenn es um Liebe, Beziehungen und Männer geht.

In meiner Arbeit als Dating- und Beziehungscoach habe ich hunderttausenden Frauen - sowohl virtuell als auch persönlich - dabei geholfen, sich die glückliche Beziehung aufzubauen, die sie sich immer gewünscht haben. Meine Vision ist es, Menschen zu einer glücklichen Beziehung zu sich selbst und anderen zu verhelfen und dadurch eine liebevolle und stabile Gesellschaft zu erschaffen.

Mein Team und ich produzieren hochwertige Trainings & Retreats, um Frauen dabei zu helfen ihr volles Potenzial zu leben. Wir begleiten sie auf ihrem Weg, die Heldinnen in ihrem Leben zu werden. Persönlich kann mir daher nichts Schöneres vorstellen, als Menschen auf ihrem Weg zu glücklichen und liebevolleren Beziehungen zu begleiten. Es ist nicht nur mein Beruf, es ist vor allem meine Berufung! Ich bin fest davon überzeugt, dass auch Du die Liebe und Partnerschaft erfahren kannst, nach der Du Dich sehnst.

Denn es geht im Leben vor allem darum, Zuneigung und Zärtlichkeit zu geben und zu bekommen, Deine eigenen Träume zu verwirklichen und Momente mit den Menschen zu erleben, die Dir wichtig sind.

Du hast die Möglichkeit und die Macht, genau das zu erreichen - unabhängig von Deiner derzeitigen Situation. Die Ergebnisse, die Du in Deinem Leben erreichst, entstehen durch Dich. Durch die Denkweise, die Du Dir aneignest. Durch die Entscheidungen, die Du triffst. Durch die Handlungen, die Du vollziehst. Wenn Du dazu bereit bist, neue Ergebnisse zu erzielen, dann musst Du bereit sein, neue Wege zu gehen. Und auf genau diesen Wegen möchte ich Dich begleiten.

Es gibt da draußen unzählige fantastische Männer. Und das weiß ich deswegen, weil ich in den vergangenen Jahren nicht nur Frauen, sondern auch Männern dabei geholfen habe, die Liebe ihres Lebens zu finden und zu halten. Männer, die gerne der Freund, der Ehemann oder der Liebhaber einer genauso fantastischen Frau wie dir sein möchten. Ob Du es glaubst oder nicht, aber ich kann sehr gut nachvollziehen, wie Du Dich gerade in Bezug auf die Liebe vielleicht fühlst oder in der Vergangenheit gefühlt hast. Denn auch ich selber bin einen langen und schmerzhaften Weg gegangen, bis ich endlich die Liebe meines Lebens getroffen habe und seitdem mit Ihr die Beziehung führe, die mich jeden Tag aufs Neue fordert und mit tiefer Liebe erfüllt.

Bei allen Aspekten rund um Beziehungen, Dating und Flirten spielt es keine Rolle, welches Geschlecht jemand hat. Der Frust, die Verzweiflung, die Traurigkeit, die Einsamkeit fühlen sich für uns alle schlecht an. Gleiches gilt aber auch für das Glück, für die Zweisamkeit, die Liebe, für die Freude, für die Leidenschaft. Wir alle genießen sie und streben danach. Und genau deswegen erfüllt es mich so sehr, Frauen wie Dir dabei zu helfen, genau das zu erleben, wonach du dich so sehr sehnst. Nun möchte ich Dir dabei helfen, Männer auf einem ganz besonderen Level zu verstehen, damit einen Wendepunkt in Deinem Leben zu erzeugen und die Beziehung zu erfahren, die jede Frau verdient hat.

Ich richte mich an dich, wenn du mehr vom Leben und deinen Liebesbeziehungen möchtest. Bitte verzeih mir, wenn ich an einzelnen Stellen etwas weiter aushole. Partnerschaft und Liebe sind jedoch so komplexe Themen, dass es oftmals keine einfache „schwarz“ oder „weiß“ Antwort gibt, sondern unglaublich viele bunte Schattierungen. Ich verspreche dir jedoch: Du wirst überrascht sein, wie einfach es doch sein kann glückliche Partnerschaften zu erschaffen und aufrecht zu erhalten.

Um dich auf deiner persönlichen Reise zu deinem Traumpartner, und Leben zu unterstützen habe ich einen kostenlosen Mitgliederbereich für das Buch erschaffen. Dort findest du vertiefende Inhalte, Übungen, Interviews und Bonus Lektionen zu diesem Buch. Du findest den Mitgliederbereich wenn du auf: DariusKamadeva.de/unwiderstehlich gehst.

Viele der Ratschläge und Tipps in diesem Buch gelten natürlich auch für Männer, die mit Frauen erfolgreicher werden wollen oder auch homosexuelle Beziehungen. Da sich dieses Buch allerdings explizit an Frauen wendet, werde ich mich in den meisten Formulierungen darauf beschränken Frauen anzusprechen. Bitte hab Verständnis dafür, dass es ansonsten den Lesefluss zu stark stören würde. Ich möchte damit natürlich keine der unzähligen sexuellen Vorlieben, Neigungen oder Orientierungen respektlos behandeln oder herabwürdigen.

.

EINLEITUNG

Fast jede Frau hat gern einen Mann an ihrer Seite, der ihr das Gefühl von tiefer Liebe und Geborgenheit schenkt. Zu einem glücklichen Leben gehört für die meisten Menschen die Freiheit, jemanden lieben zu dürfen und selbst geliebt zu werden. Liebe ist eine wichtige Komponente für ein gutes Lebensgefühl. Allerdings wird dein Traummann nicht vom Himmel fallen und er wartet auch wahrscheinlich nicht zufällig vor deiner Haustür auf dich. Ihn zu finden bedeutet, dass du dich selbst auf eine unglaubliche Reise machen darfst: deine Heldinnenreise. Dein Traummann steht Ende dieser Reise, die durch die verschiedenen Bereiche deines Lebens führen.

Dieses Buch begleitet dich auf dieser wundervollen Reise. Du wirst herausfinden, welche Muster in dir wirken und wie du sie durchbrechen kannst. Du wirst ein Abenteuer erleben, auf dem du dich selbst neu kennenlernst und zur Traumfrau deines Traummannes wirst. Dabei stammen meine Gedanken, Erkenntnisse und mein Wissen aus unzähligen Büchern, Gesprächen, Coachings und persönlichen Erfahrungen. Eine Liste mit Büchern findest du im unterstützenden online Mitgliederbereich unter DariusKamadeva.de/unwiderstehlich

Das Ziel des hier vorliegenden Buchs ist es dir mit konkreten Tipps und Anregungen zur Seite zu stehen. Es wird dich dabei unterstützen eine gesunde innere Haltung zu entwickeln, mehr Selbstbewusstsein und Selbstvertrauen aufzubauen, den Mann deiner Träume zu finden und mit ihm glücklich zu sein.

Dabei ist das Buch in 9 große Kapitel aufgeteilt. Jedes Kapitel beschäftigt sich mit einer zentralen Säule bzw. einem größeren Themenblock im Bereich Liebe und Partnerschaft. Zunächst beschäftigen wir uns mit den inneren Faktoren, wie deiner Haltung und deinen Überzeugungen. Danach lernst du Beziehungen besser zu verstehen, Anziehung aufzubauen und tiefes Vertrauen zu entwickeln. Dies wird dir dabei helfen, eine nachhaltige Beziehung zum Mann deiner Träume aufzubauen. Darum geht es dann im Ende des Buchs.

Lies dieses Buch gründlich durch. Lass es auf dich wirken. Nimm dir genug Zeit für dich selbst und scheue dich nicht, einige Abschnitte mehrmals zu lesen. Es ist wichtig, dass du dich mit den Inhalten nicht nur oberflächlich befasst, sondern sie auch emotional fühlst und lebst. Dieses Buch ist kein Ersatz für ein aktives Leben. Nur, wenn du dich komplett auf das Thema einlässt, zulässt es zu fühlen und dich ihm hinzugeben, kannst du dein volles Potenzial entfalten. Deinen Traummann findest du nicht durch dein umfangreiches theoretisches Beziehungswissen, sondern dadurch, dass du ihn, und er dich erkennen kann. Es ist die meist unbewusste Ausstrahlung, die euch zusammenführt. Dieser inneren Ausstrahlung verleihst du ein neues Leuchten, wenn du an dir, deiner inneren Haltung zum Leben und zu deiner Person arbeitest.

AUSGEBREMST VOM LEBEN

WIE KAM ES ZU DIESEM BUCH?

Es war Ende 2007 oder Anfang 2008 als ich angefangen habe mich mit dem Thema Flirten und Beziehungen intensiv zu beschäftigen.

Damals lebte ich noch in einem 14 qm Zimmer in der Wohnung meiner Eltern in einer kleinen Stadt in der Nähe von Frankfurt am Main. Mein Studium als Dipl. Wirtschaftsingenieur hatte gerade begonnen.

Meine damalige „Freundin" hat mich mehrfach betrogen, unter anderem mit zwei (so dachte ich damals zumindest von ihnen) guten Freunden von mir. Ostersonntag haben sogar noch zwei Türsteher, einer lokalen Disco, bei meinen Eltern geklingelt, weil sie nach mir gesucht haben. Sie wollten mir mit etwas mehr „Nachdruck" erklären, dass meine „Freundin" nun mit einem von ihnen zusammen sei und ich sie deswegen in Ruhe lassen solle.

Doch das war nicht mal das Schlimmste. Das Schlimmste war, dass ich sie sofort zurückgenommen hätte. Trotz all der Verletzungen, trotz all der Dinge, die sie mir angetan hat. Ich war einfach verzweifelt. Ich glaubte damals, ich würde niemals wieder eine derart tolle Frau kennenlernen. Ich befürchtete, wirklich mein restliches Leben alleine verbringen zu müssen. Immerhin hatte es ja auch viele Jahre gedauert, bis ich überhaupt erst mal eine Frau gefunden habe. Ich wünschte, ich könnte in der Zeit zurückreisen und mir selbst mitteilen, wie sehr ich mich doch getäuscht habe.

Mittlerweile ist diese Erinnerung so weit weg, dass ich mir kaum noch vorstellen kann jemals wieder in eine Situation wie damals zu kommen. So emotional abhängig, ohne Selbstbewusstsein, nicht zu wissen was ich möchte und was mich als Menschen ausmacht.

Seltsam wie die Dinge sich entwickelt haben… Damals war

ich verzweifelt und erfolglos. Mittlerweile habe ich zehntausenden Frauen mit ihrem Erfolg bei Männern helfen können. Dazwischen lag eine lange Zeit von Erfahrungen, neuem Wissen, Entwicklungschancen, bitteren Tränen und atemberaubenden Momenten.

Mittlerweile lebe ich das Leben, von dem ich immer geträumt habe. Urlaub in der Karibik, gemeinsam mit der Frau die ich liebe. Durch meine Arbeit helfe ich hunderttausenden Frauen ihr Liebesleben in den Griff zu bekommen und glücklich zu werden. Die Beziehung zu meiner Familie ist besser als je zu vor und jeden Morgen wenn ich aufstehe, freue ich mich auf ein neues Abenteuer. Das erzähle ich dir nicht, um damit zu prahlen, wie toll ich bin, sondern um dir ein Beispiel zu sein, wie man sein Leben verändern kann.

KANNST DU DEIN LEBEN WIRKLICH VERÄNDERN?

Was habe ich getan um an diesen Punkt zu kommen? Viel wichtiger noch (in diesem Buch geht es ja schließlich nicht um mich, sondern dich), was kannst du tun?

Was kannst du tun, um den Mann deiner Träume zu finden? Was kannst du tun, um den Mann deiner Träume für dich zu gewinnen? Ihn verliebt in dich zu machen? Ihn dauerhaft an dich zu binden und für immer mit ihm glücklich zu sein?

Auch wenn ich diese Fragestellung verstehen kann (genau solche Fragen habe ich mir selbst damals gestellt), liegt der Kern der Problematik in der Fragestellung an sich. Was meine ich damit?

Für die meisten Menschen geht es immer nur darum etwas Bestimmtes zu tun, um ein gewünschtes Ergebnis zu erreichen.

„Sieben magische Schritte um diesen Mann verliebt in dich zu machen“.

„13 Dinge, die du tun musst, um über Nacht mit dem Rauchen aufzuhören“.

„3 Lebensmittel, die du vermeiden musst, um dauerhaft

schlank zu bleiben".

Sie wollen ein Verhalten erlernen, verlernen, verändern, verbessern oder sonst etwas damit tun. Sie beschäftigen sich mit der Lösung also auf der Verhaltensebene.

Was ja auch irgendwie logisch ist. Immerhin wird uns seit Jahren von Selbsthilfegurus, Motivationscoaches, und Paarberatern gebetsmühlenartig vorgehalten:

„Bekomm dein Arsch hoch"
„Nimm dein Leben in die Hand"
„Vom warten ist noch niemand erfolgreich geworden".
„Nur wer etwas tut, kann etwas bekommen".

Prinzipiell ist das auch richtig. Doch wenn das WIRKLICH die Lösung wäre, warum sind dann immer noch so viele Frauen unglückliche Singles? Warum rauchen immer noch so viele Menschen? Warum sind so viele Menschen übergewichtig und schaffen es nicht diese „einfachen" Diäten durchzuziehen?

WARUM DATING TIPPS NICHT FUNKTIONIEREN

Der Grund dafür ist gleichzeitig einfach und überaus komplex. Sie vernachlässigen, wer wir sind. Wenn jemand mit dem Rauchen aufhören will, handelt es sich dabei um ein Verhalten, das er unterlassen möchte.

Er überlegt sich, mit welchen Strategien er sich selbst austricksen kann. Wie er die Sucht nach Nikotin Substituieren kann. Er geht stattdessen lieber zum Sport, damit er nicht zu nimmt, klebt sich mit Nikotin Pflastern voll und stellt allerlei, mehr oder weniger hilfreiche Anstrengungen an, nur um am Ende nicht mehr dieses ungeliebte Verhalten X an den Tag zu legen.

Meistens funktioniert das sogar für eine gewisse Zeit. Doch dann fällt die Person zurück in alte Muster und raucht weiter. Oft sogar noch mehr als vorher.

Wie kann es sein, dass es für einen Raucher so unglaublich schwer ist, nicht zu rauchen, während es für einen Nichtraucher absolut keinerlei Anstrengung bedarf?

Der körperliche Entzug kann es nicht sein. Der Entzug von Nikotin dauert maximal 3 Tage. Nach circa 48 Stunden hat der Körper alle verbleibenden Nikotinreste abgebaut und ist somit frei vom Nervengift.

Bleibt also nur der psychische Entzug. Der Unterschied zwischen dem Raucher und dem Nichtraucher ist eben genau dieser. Der eine sieht sich selbst als Raucher, der andere als Nichtraucher.

Solange ich das Selbstbild eines Rauchers habe, wird es unglaublich schwierig das Verhalten „rauchen" zu unterlassen. Denn es gehört ja schließlich zu meinem Selbstbild, meiner Identität.

Was hat das mit meinem Erfolg bei Männern zu tun, fragst du dich berechtigterweise?

WAS DEIN SELBSTBILD ALS FRAU DAMIT ZU TUN HAT

Solange du das Selbstbild einer „nicht mit Männern erfolgreichen Frau" hast, wird es dich unglaublich viel Energie kosten dich „richtig" zu verhalten. Wenn du allerdings das Selbstbild einer begehrenswerten Frau entwickelst, also eine begehrenswerte Frau bist, wird es keinerlei Energie mehr kosten den richtigen Mann zu finden. Ganz im Gegenteil, es wird spielerisch, einfach, natürlich und authentisch.

In diesem Buch geht es nicht (nur) darum, das richtige zu tun um deine Ziele zu erreichen, sondern darum, die „Richtige" zu werden, die ihre gewünschten Ziele auf ganz natürliche Art und Weise erreicht.

Es geht nicht darum, dass Richtige zu tun. Sondern darum „die Richtige" zu sein. Sein anstatt tun, ist einer der wesentlichsten Pfeiler dieses Buches.

Doch was ist „die Richtige"? Gibt es eine allgemeingültige Aussage zu dieser Frage? Gibt es wirklich eine Formel, die für alle Frauen dieser Welt gültig ist und die ihnen zu dem Liebesglück verhilft, dass sie sich so sehr wünschen? Dieser Frage möchte ich mit dem kommenden Buch auf den Grund gehen.

Der Wunsch, den wahren und richtigen Traummann fürs Leben zu finden, ist in fast allen Frauen tief verankert. Da du gerade dieses Buch liest, stehen die Chancen gut, dass dies auch bei dir der Fall ist. Glücklicherweise nehmen alle Frauen (Männer übrigens auch) die Realität auf ihre individuelle Art wahr. Jede Frau definiert den Begriff „Traummann" anders und für jede Frau ist ein passender Partner vorhanden. Hätten alle die gleiche Wahrnehmung mit den gleichen Zukunftserwartungen, gäbe es ein Problem, denn dann würden sich alle Frauen auf ein paar wenige Männer stürzen, die exakt denselben Parametern entsprechen. Zum Glück haben allerdings nicht alle den gleichen Geschmack und auch nicht die gleichen Vorstellungen vom Traumpartner. Wenn du attraktiv sein willst, hilft es nicht unbedingt, zum Friseur zu gehen oder dir ein neues Kleid zu kaufen (auch wenn Hochglanzmagazine dich das glauben lassen wollen). Attraktivität ist subjektiv. Sicherlich hast du auch schon mal die Erfahrung gemacht, dass gerade die Männer, die du besonders spannend fandst, kein Interesse an dir hatten. Die Männer, die du jedoch langweilig oder weniger spannend fandst, rannten dir die Türe ein…

Ganz egal, welche Haarfarbe oder Figur du hast, es wird immer Männer geben, die dir lechzend hinterherschauen und andere, die sich nicht für dich interessieren.

SEIN STATT TUN

Jede Gesellschaft stellt Bedingungen für das Leben des Einzelnen auf. Auch unser Kulturkreis und unsere aktuelle Gesellschaft geben Bedingungen vor, die wir unter Umständen kaum bewusst wahrnehmen. Zu diesen Bedingungen gehört, dass wir intensiv, schon als sehr kleine Kinder, darauf ausgerichtet werden, uns richtig zu verhalten. Eltern korrigieren das Verhalten ihrer Kinder, um sie zu sozialisieren. Durch anständiges Benehmen werden Vorteile erwartet, die im Leben wichtig sind. Wer sich nicht benehmen kann, hat keine Erfolge zu erwarten. So ungefähr erleben wir Erziehung. Das prägt die Einstellung zum eigenen Verhalten. Die meisten Erwachsenen sind noch immer davon überzeugt, dass es im Leben darauf ankommt, wie sich jemand verhält. Dabei ist der entscheidende Faktor für jeden gewünschten Erfolg, wie jemand ist. Vielleicht fragst du dich jetzt: „Wo genau liegt der Unterschied zwischen deinem Verhalten und deinem Sein?“

WENN JEMAND SO IST, WIE ER SEIN WILL, WIRD ER AUCH GENAUSO HANDELN, WIE ER IST.

Das bedeutet, dass seine eigenen Ergebnisse seiner Persönlichkeit entsprechen. Es entsteht eine tiefe Verbindung zwischen dem inneren Wesen, dem Charakter und den Handlungen. Jemand, der in seinem Inneren so ist, wie er sich nach außen zeigt, wirkt vertrauenswürdig. Diese Einheit heißt „authentisch sein“ und hängt sehr davon ab, wie stark du dein Sein im Fokus hast.

Viele Ratgeber sagen dir, wie du dich in bestimmten Situationen verhalten sollst, um attraktiv auf Männer zu wirken. Da geht es von albernen Ratschlägen, zum Beispiel ein Taschentuch fallen zu lassen, bis hin zu klugen Tipps, die von Verhaltenspsychologen entwickelt wurden. Doch wie klug und wissenschaftlich fundiert diese Tipps auch sein mögen, es geht letztlich um eine Maske oder eine Kostümierung. Ein antrainiertes Verhalten entspricht nicht deinem wahren inneren Kern. Es geht also nicht darum, was du tust, sondern wer du bist. Wenn du es schaffst, eine attraktive Frau zu sein, dann lösen sich viele Probleme mit Männern von ganz allein. Wir werden in diesem Buch das Thema Liebe, Partnerschaft und Selbstbewusstsein tiefer behandeln, als diese oberflächlichen Tricks und uns nicht nur das Verhalten, sondern auch andere Ebenen anschauen, die dafür sorgen, dass du attraktiver SEIN kannst.

NEUE RAHMENBEDINUNGEN MÜSSEN HER

Die Rahmenbedingungen deines Lebens, quasi seine Leitplanken, bestehen aus deinen Paradigmen und den allgemeinen Spielregeln. Ein Paradigma ist deine grundsätzliche Denkweise gegenüber Dingen. Mit neuen Paradigmen verändert sich auch die Strategie, die wir nutzen, um unsere Ziele zu erreichen. Du hast bereits eine neue Spielregel, ein zentrales Prinzip, gelernt: Sein ist wichtiger als tun.

Im weiteren Verlauf dieses Buches werde ich dir noch viele weitere Paradigmen vorschlagen. Prüfe für dich selbst, welche du annehmen möchtest und welche nicht. Stell es dir vor wie ein Buffet. Du wirst in diesem Buch und im dazugehörigen Onlinebereich unglaublich viele Inhalte und Angebote finden. Entscheide dich einfach für die, die deinen Geschmack am besten treffen oder dich am meisten interessieren.

Es geht um die tiefe Entwicklung deiner Persönlichkeit und deines Lebens. Es geht darum, durch dein inneres Strahlen auch von außen als attraktiver wahrgenommen zu werden. Die Energie strahlt aus dir heraus in die Welt und die Welt spiegelt dir genau diese Energie zurück. Deshalb wird keiner der folgenden Tipps eine Handlungsempfehlung sein, sondern eine Aufforderung, dich näher mit deinem Sein zu beschäftigen. Es nützt nichts, wenn du im Grunde eine Chaotin bist, aber dich für deinen Traummann beim ersten Besuch in deiner Wohnung benimmst wie eine leidenschaftliche Hausfrau. Du verhältst dich vielleicht so, wie es ihm gefällt, aber verleugnest dich selbst dabei. Wie nachhaltig kann das wirklich sein? Dein echter Traummann wird seine Chaotin in Kittelschürze und mit Schrubber im Arm weder finden, noch erkennen, wenn sie sich (für ihn) tarnt. Sei also du selbst und gib deinem Gegenüber die Chance, deinen wahren Wesenskern zu erkennen. Das Gleiche gilt natürlich umgekehrt. Die Ordnungsfanatikerin sollte keine hippiehafte Gelassenheit vorspielen, weil sie denkt, ihr neuer Flirt mag das. Wenn ein Paar sich findet, haben sich die beiden als mögliche Partner erkannt. Je mehr sich der Einzelne verstellt, umso schwerer wird es euch beiden fallen eine nachhaltig glückliche Partnerschaft zu erschaffen.

Schon das Wort „Problem“ löst in vielen Menschen ein ungutes Gefühl aus. Niemand möchte gern Probleme haben. Wenn du denkst, dass deine Partnersuche oder die Tatsache, dass du Single bist, ein Problem darstellt, dann erlebst du diesen Zustand als unangenehm. Das macht sich dadurch bemerkbar, wie du durch dein Leben gehst. Versuch einmal, aus einer anderen Perspektive auf die Situation zu blicken. Was genau ist denn überhaupt los? Letztlich erlebt ein Mensch, der einen Partner sucht, doch nur eine Differenz zwischen dem Istzustand und seiner Sehnsucht (Sollzustand). Das bedeutet, dass das, was du dir für die Zukunft als dein Leben vorstellst, noch nicht realisiert ist. Um diesen Abstand zwischen Wunsch und Wirklichkeit zu überwinden, darfst du dich auf den Weg machen – auf eine fantastische Reise durch das Abenteuer deines (Liebes-)Lebens. Es handelt sich hier also nicht um ein Problem, sondern um einen Weg, der von dir gegangen werden will. Du kannst es also auch als Herausforderung sehen, deine Realität so zu verändern, dass sie mit deinen Erwartungen übereinstimmt. Ein Entwicklungspotenzial für dich und dein Leben. Halten wir also den Versuch einer Definition einmal fest:

EIN PROBLEM IST EIN ZIEL ODER EINE HERAUSFORDERUNG, FÜR DAS/DIE ES NOCH KEINEN ZUFRIEDENSTELLENDEN LÖSUNGSWEG GIBT. (DER ISTZUSTAND IST NICHT DER SOLLZUSTAND).

Die Wünsche und Erwartungen, die deine Vorstellungen von einem guten oder einem besseren Leben prägen, existieren (wenn man es ganz radikal betrachtet) nur in deinem Kopf. Du selbst definierst also das Ziel, du gestaltest den Sollzustand. Gleichzeitig ist auch deine Wahrnehmung der Realität subjektiv. Wenn du mir das (noch) nicht glaubst, erwartet dich eine ganz neue Perspektive auf die Welt da draußen. Das verspreche ich dir. Folge mir einfach mit deiner Aufmerksamkeit durch dieses Buch und erfahre, wie wir alle unser Liebesglück selbst schmieden und was du tun kannst, damit du deinen inneren Teufelskreis durchbrechen kannst.

Vereinfacht ausgedrückt bedeutet das, dass sowohl die Realität als auch das Ziel subjektive Faktoren sind. Das Wichtigste an diesen Faktoren ist: Wir schaffen sie zu 100 % in uns selbst. Deine Gedanken schaffen deine Realität. Wenn du denkst, dass du ohne einen Mann nicht glücklich sein kannst, dann wirst du entsprechende Signale ausstrahlen und deinen Frust nach außen tragen.

So schaffst du eine Realität, in der du bedauernswert, aber nicht attraktiv auf Männer wirkst. Dadurch ziehst du die Bestätigung für deine (limitierenden) Überzeugungen an und bestätigst dich selbst in deinem Weltbild des Frusts und der Resignation. Du kannst das mit wenig Mühe verändern, indem du deinen Fokus verlagerst. Denk doch einfach, dass du die verbleibende Zeit als Single gut nutzen kannst, um dich noch ein wenig fokussiert, um deine eigenen Interessen und Hobbys zu kümmern. Nimm dir vor, die Zeit bis zur nächsten Beziehung zu genießen. Deine Ausstrahlung wird eine ganz andere sein und du wirst von deinem Umfeld deutlich attraktiver wahrgenommen. So wirst du eher die Blicke auf dich ziehen, als wenn du als frustrierte Singlefrau Trübsal bläst und ständig nur meckerst, wie beschissen doch alles ist.

Ich kann förmlich spüren, wie in dir die Alarmglocken angehen: „Was…? So einfach soll das sein? Wenn das so ist, warum macht das die Mehrheit der Frauen nicht?“

Das ist eine berechtigte Frage. Es dreht sich alles irgendwie um Wahrnehmung. Deshalb sollten wir uns ein paar Minuten Zeit nehmen, um uns mit den Grundbegriffen der menschlichen Wahrnehmung zu befassen. Auch wenn der Zusammenhang zu deinem Liebesleben nicht sofort klar wird, folge mir ein Stück. Ich verspreche dir, du wirst eine komplett neue Welt entdecken. Ein wenig wie Alice im Wunderland…

In jeder Sekunde strömen über elf Millionen Sinneseindrücke auf uns ein. Unendlich viele Details, die wir sehen, hören, schmecken, riechen, spüren. Unser Bewusstsein ist allerdings nur in der Lage, pro Sekunde zwischen fünf und neun Eindrücke bewusst zu verarbeiten. Diese Zahl wird auch 7 ± 2 oder die Millersche Zahl genannt. George A. Miller beschrieb in seinem Artikel The Magical Number Seven, Plus or Minus Two: Some Limits on Our Capacity for Processing Information die Tatsache, dass ein Mensch gleichzeitig nur 7 ± 2 Informationseinheiten (Chunks) im Kurzzeitgedächtnis präsent halten kann. Die Größe des Kurzzeitgedächtnisses ist genetisch festgelegt und kann auch durch Training nicht gesteigert werden. Das heißt: Über 99,99 % der möglichen bewussten Informationen werden von unserem Unterbewusstsein herausgefiltert.

Ein Beispiel: Als du deinen Führerschein gemacht hast oder kurz davor warst, hast du sicherlich plötzlich nur noch Fahrschulautos gesehen, ist es nicht so? Viel mehr als normalerweise. Sind da jetzt mehr Fahrschulautos unterwegs oder ist es deine selektive Wahrnehmung, die diese Autos nun häufiger in deinen Fokus bringt? Wahrscheinlich Letzteres…

Dein Unterbewusstsein filtert also heraus, welche Informationen es dir bewusst „vorsetzt". Dies geschieht vor allem aufgrund deines Weltbildes und deiner Paradigmen. Jeder Mensch nimmt dadurch eine einzigartige Realität wahr. In der gleichen Situation können zwei Personen also vollkommen unterschiedliche Dinge erleben. Deswegen ist es auch möglich, dass zwei Menschen in der gleichen Situation vollkommen verschieden reagieren. Der eine Mensch springt vielleicht lachend und freudig durch die Pfützen, während es regnet. Der andere Mensch verzieht das Gesicht und fängt an innerlich zu fluchen, weil es schon wieder so ein Katzenwetter ist. Was genau du wahrnimmst, hängt u. a. davon ab, welche Erfahrungen und Überzeugungen du in der Kindheit gemacht hast oder was du für Interessen hast. Warum sind diese Informationen über die menschliche Wahrnehmung so wichtig?

Verlasse deine Ohnmacht

Wenn du lernst, dass deine Situation und deine Wunschbilder von dir selbst kreiert wurden, kannst du die Ohnmacht aufgeben. Schließlich wird dir bewusst, dass du alle Voraussetzungen für deinen Misserfolg und für deinen Erfolg selbst schaffst. Du bist nicht das Opfer der Umstände und es sind auch nicht die Männer schuld, dass du Single bist. Verändere deine Perspektive und überprüfe dein Ziel. So können sich die beiden Punkte (dein Ziel und deine Perspektive) vielleicht schon näher zusammenschieben lassen. Frag dich immer zuerst: Was kann ICH tun, um etwas positiv, lösungsorientiert und zielführend zu verändern? Du hast nur wirklichen Einfluss auf dich und deine eigene Wahrnehmung. Andere Menschen (z.? B. Männer) kannst du hingegen nur begrenzt (aktiv und zielgerichtet) beeinflussen. Das ist auch gut so, sonst wäre der freie menschliche Wille nicht mehr als eine Floskel.

Wenn du die Paradigmen und deinem Blickwinkel allerdings erfolgreich veränderst, entsteht eine neue Wahrnehmung. Eine neue Realität. Eine komplett neue Welt. Ich weiß, das mag sich jetzt etwas kitschig oder esoterisch anhören. Für mich ist es allerdings das, was ich in den letzten zehn Jahren meiner persönlichen und spirituellen Reise lernen und immer wieder beobachten durfte.

WENN DU ETWAS GANZ FEST WILLST, DANN WIRD DAS UNIVERSUM DARAUF HINWIRKEN, DASS DU ES ERREICHEN KANNST.

AUS: DER ALCHIMIST – PAULO COELHO

Lass dich darauf ein, dass dein Leben nicht wie bisher weitergehen muss und dass sehr viel mehr möglich ist, als du derzeit vielleicht zu träumen wagst. Dann wird sich alles verändern. Du nimmst die Welt anders wahr, wirst dich anders verhalten und erzielst andere Wirkungen. Wenn du hohe Erwartungen hast, müssen diese Erwartungen mit deiner Realität übereinstimmen. Aus diesem Grund ist die Opferhaltung so hinderlich auf dem Weg zum Traummann. Eine Frau, die gerettet werden will, ist viel zu klein für einen großen Mann. Ein wirklicher Traummann sucht eine Traumfrau und eine wirkliche Traumfrau sucht keinen Winzling. Ihr werdet euch auf Augenhöhe begegnen müssen, um euch zu erkennen. Deshalb sollten deine Erwartungen deiner eigenen wahren (inneren) Größe entsprechen.

ERKENNE DEINE KONDITIONIERUNG

Wenn deine Großmutter von ihrer Beziehung erzählt hat, dann hat sie nicht von einem Flirt oder einer Affäre gesprochen. Sie meinte mit Beziehung wahrscheinlich eine dauerhafte Verbindung zu ihrem Ehemann, die heute noch anhält oder durch den Tod beendet wurde. Das ist auch heute für viele Menschen ihre vermeintliche Wunschvorstellung: Bis das der Tod uns scheidet. Dabei entspricht die optimale Zielvorstellung unserer Gesellschaft nicht der tatsächlichen Lebensrealität. Wir modernen Menschen leben viel eher in der sogenannten seriellen Monogamie. Das bedeutet, dass wir häufiger die Partner wechseln, mit diesen aber oftmals monogam leben (oder zumindest wollen) und insgesamt kürzere Beziehungen haben, als das vor sechzig Jahren noch der Fall war. Ein großer Dank geht hier natürlich an die 68er Generation, die viele überholte Weltbilder in Frage gestellt hat und dadurch eine neue Freiheit für Millionen von Menschen ermöglichte.

Die soziale Konditionierung unserer Großeltern bestand darin, dass Mann und Frau aufeinander angewiesen waren. Es gab weniger Wohlstand und Sicherheit als heute. Singlewohnungen waren so gut wie nicht vorhanden, Frauen konnten bis zu Beginn der Siebzigerjahre nur unter argwöhnischen Blicken der Umgebung entscheiden, Single bleiben zu wollen. Frauen waren insgesamt gesellschaftlich DEUTLICH weniger eigenständig als heute. Man bekam mehr (und früher) Kinder und zur Elternschaft gehörte die Ehe. Die Bedingungen für eine lebenslange Partnerschaft waren anders. Dem einen mögen sie besser und dem anderen schlechter vorkommen; auf jeden Fall waren sie anders. Da die meisten Familien darauf angewiesen waren, dass die beiden Erwachsenen jeweils ihre Rolle wahrnahmen, blieben sie zusammen, wenn es irgendwie ging. Wo hätte eine Frau auch hingehen sollen damals? Ihr Mann musste ja sogar zustimmen, wenn sie nur arbeiten wollte.

Frauen waren damals häufig darauf angewiesen, dass ein Mann sie finanziell versorgte und die Männer wussten sich in Fragen der Küche und des Haushalts nicht allein zu helfen. Auf diese Weise entstand eine Co-Abhängigkeit, die weniger Freiheit aber auch eine gewisse Stabilität mit sich brachte.

Unsere Gegenwart sieht anders aus. Frauen versorgen sich wirtschaftlich sehr häufig selbst, sind selbstbewusst, unabhängig und frei. Dafür erwarten sie, dass der Mann seinen Alltag selbstständig bewältigen kann und auch mal die Toilette putzt. Die Erwartungen an Beziehungen haben sich in unserer Gesellschaft neu sortiert.

Unsere Zielvorstellung von Beziehung hat sich also verändert, unsere Überzeugungen (Paradigmen) in Sachen Partnerschaft aber oftmals nicht. Das ist so, als ob du dir als Bergsteigerin ein neues (deutlich komplexeres) Ziel setzt, aber dieselbe Vorbereitung und dasselbe Werkzeug benutzen willst. Du würdest sicherlich nicht versuchen, den Mount Everest unter denselben Rahmenbedingungen zu erklimmen wie den Hügel hinterm Wald?

Wenn wir als Gesellschaft also veränderte Ansprüche an Beziehungen haben, die gesellschaftliche Situation sich verändert hat, wir uns wirtschaftlich und politisch weiterentwickelt haben, ist es dann nicht Zeit, auch mal unsere Überzeugungen über das Leben, die Liebe und Partnerschaft zu überprüfen? Was funktioniert, können wir ja gerne behalten.

Konditionierung durch Medien

Wenn du wissen willst, welche Ideale in der gesellschaftlichen Konditionierung derzeit vorherrschen, solltest du die Medien beobachten. Schau dir das Programm, das auf den großen TV-Sendern gespielt wird, einen Moment lang aufmerksam an, vor allem das Kinder- und Abendprogramm. Im Kinderprogramm kannst du recht schnell erkennen, dass noch immer ein starker Unterschied zwischen den Geschlechtern dargestellt wird. Der setzt sich im Abendprogramm fort und zeigt die Stereotypen, denen Männer und Frauen unterliegen. Vorurteile wie „Männer können besser sehen als denken, deshalb reicht es, wenn eine Frau gut aussieht" oder „Frauen stricken gern und Männer lieben Technik" sind überall zu hören und werden wachgehalten. Niemand kann sich diesen Konditionierungen vollständig entziehen. Es ist wichtig, sich dies bewusst zu machen, denn es gehört zu den Rahmenbedingungen für unser Leben und dadurch auch für die Partnersuche.

Jeder Mensch hat unterschiedliche (Wahrnehmungs-)Filter, durch die er seine eigene Realität betrachtet und wahrnimmt. Einer dieser Filter ist die soziale Konditionierung. Mädchen werden zum Beispiel darauf konditioniert, schick und adrett auszusehen. Viele Mädchen erhalten schon in sehr jungen Jahren Komplimente dafür, dass ihre Kleidung sauber und ordentlich ist. Schleifchen im Haar und lackierte Fingernägel werden von ihnen schon im Kindergarten als sehr attraktiv erlernt. Jungs dagegen erhalten Anerkennung für Kraft. Wenn ein Junge einem Mädchen den Stuhl trägt, wird er gelobt. Dabei könnte der Junge ebenso Schleifchen im Haar tragen und das Mädchen hat nicht weniger Kraft als ein Junge im gleichen Alter.

UNSERE GESELLSCHAFT BESTIMMT, WAS EINEN JUNGEN ATTRAKTIV MACHT UND WELCHE EIGENSCHAFTEN BEI EINEM MÄDCHEN ANERKENNENSWERT SIND.

Das ist ein Aspekt der sozialen Konditionierung, der allerdings noch viel weiter geht. Ein Mädchen, das als ältestes Kind geboren wird und dessen Mutter früh erkrankt, wird eine große Verantwortung für die Geschwister übernehmen müssen. Es lernt, dass es Verantwortung tragen muss, damit in der Familie alles reibungslos läuft. Ihr Bruder, der jüngste unter den vier Geschwistern, wird dagegen darauf konditioniert, dass die Schwester ihn (im Haushalt) versorgt. Er lernt, dass er in bestimmten Kontexten keine Verantwortung zu tragen braucht. Auch das ist eine Konditionierung. Weil alle Menschen einzigartig heranwachsen, sind die Auswirkungen der sozialen Konditionierungen verschieden, selbst wenn sie unter ähnlichen Umständen aufgewachsen. Das ist auch der Grund, warum Geschwister, auch wenn sie aus demselben liebevollen Elternhaus stammen, manchmal so unterschiedlich sind.

Auch die Beziehung deiner Eltern prägt dein Beziehungsbild. Wenn dein Vater dominant war, wurdest du anders geprägt, als wenn deine Mutter die Hosen im Haus anhatte.

Konditionierung ist ein ständiger Prozess

Soziale Konditionierung findet ständig und auf verschiedenen Wegen statt. Sie bewegt uns dazu, uns auf bestimmte Weise zu verhalten und Dinge als richtig oder falsch zu beurteilen. Unter anderem werden wir von Dingen konditioniert wie Filmen, Musik und der Popkultur im Allgemeinen. Aber auch unsere Eltern, Lehrer, Freunde und die Umgebung, in der wir leben, nehmen Einfluss auf uns. Es ist wichtig, sich dieser Konditionierungen bewusst zu werden, um die Fähigkeit beizubehalten, eigene Entscheidungen treffen zu können. Wenn wir unsere Konditionierung unbewusst wirken lassen und nicht wahrnehmen, warum wir die eine oder andere Einstellung haben, sind wir Opfer dieser fremden Einflüsse. Das kann deinem authentisch und glücklich Sein im Weg stehen. Außerdem ist es ein großer Vorteil zu erkennen, wenn wir beeinflusst werden. Oft sind Personen oder Organisationen von finanziellen Gründen getrieben und benutzen unsere soziale Konditionierung, um uns zum Kauf bestimmter Gegenstände zu verleiten. Die Konditionierung von Frauen auf ihr Äußeres kommt der Kosmetikbranche und der Textilindustrie da natürlich sehr entgegen. Dabei ist es nicht falsch, wenn Frauen und Männer sich gegenseitig gefallen wollen und ihre Unterschiede betonen. Es sollte nur kein blindes Gehorchen sein. Eine bewusste Entscheidung für ein neues Kleid oder ein verführerisches Augen-Make-up kann durchaus sinnvoll sein. Konditionierungen können aber schnell schädlich sein, wenn sie wie ein Autopilot wirken. Wenn du beispielsweise der Überzeugung bist, dieses neue Kleid zu brauchen, bevor du auf dem nächsten Date wirklich Eindruck hinterlassen kannst.

Zwar kann Konditionierung das Leben manchmal erleichtern, weil sie einen an gewisse Gegebenheiten angepasst oder gewöhnt hat, aber häufig schadet sie dem Individuum. Viele Menschen sind daran interessiert, dass wir bestimmte Verhaltensweisen zeigen, damit sie ihr Ziel ohne unsere Widerstände erreichen können. Dazu gehört vielleicht der Chef, der Überstunden an den Wochenenden fordert. Er braucht Mitarbeiter, die darauf konditioniert sind, ihre eigenen Bedürfnisse nach hinten zu stellen. Auch die Nachbarin, die uns regelmäßig ihr Kind vorbeibringt, weil sie mal eben schnell etwas zu erledigen hat, setzt auf eine bestimmte Konditionierung. Sie ist nur erfolgreich bei uns, wenn wir davon überzeugt sind, dass ein Nein unsere Beliebtheit und Attraktivität in der Nachbarschaft einschränken kann. Um zur Konditionierung hinsichtlich deiner Partnersuche zurückzukommen, sollten wir beachten, dass Männer häufig darauf konditioniert sind, Status und Machtsymbole zu zeigen, während Frauen dazu angehalten werden, sich herauszuputzen, um bestmöglich auszusehen. Das ist auch der Grund, weswegen Frauen oftmals das Gefühl haben sich vor allem durch optische Merkmale von anderen Frauen abheben zu müssen. Dabei ist dies kein nachhaltiger Weg. Wie ist sonst zu erklären, dass selbst Topmodels und Stars, die fantastisch aussehen, gescheiterte Beziehungen hinter sich haben oder sich mit dem Fremdgehen des eigenen Partners auseinandersetzen müssen?

Konditionierung und Rollenbilder

Das Motiv der Prinzessin, die vom Prinzen gerettet wird, ist uralt und gehört in unserer Kultur zu den intensivsten Prägungen. Die Botschaft lautet: Wenn eine Frau von einem Mann gerettet wird, wird sie mit diesem Mann ein langes und glückliches Leben führen. Das prägt nicht nur die Frauen, sondern auch die Männer unserer Gesellschaft. Wer sich aus diesen kindlichen Welten nicht befreien kann, wird kaum dauerhaft erfolgreich beziehungsfähig sein. Kein Mann kann eine Frau retten und keine

Frau hat das perfekte Leben, nur weil sie ein Ritter auf dem weißen Ross gerettet hat. Für das eigene Glück ist jeder von uns selbst verantwortlich. Außerdem ist lebenslanges, immer wehrendes Glück ohne Streit, ohne Tränensäcke und ohne Geldnot eine utopische Fantasie. Es wird in jeder Beziehung gute und weniger gute Zeiten geben. Eine perfekte Beziehung ist nicht zu realisieren. Das Rollenbild der Prinzessin und dem Prinzen ist nicht geeignet, um eine Beziehung zu finden, in der du dich dauerhaft und nachhaltig gut fühlen kannst. Das alte Rollenbild von Prinzessin und Prinz wirkt in unserer Gesellschaft intensiv. Es heißt nicht umsonst Prinz und Prinzessin, also Königs-KINDER. Hier geht es nicht um erwachsene Menschen, denn dann wäre von König und Königin die Rede. Als Prinzessin hältst du an deinen kindlichen Überzeugungen und Weltbildern fest, anstatt dich darüber hinaus zu entwickeln und ein wahrhaft weises und erwachsenes Leben voller Güte und tiefer Liebe zu leben.

Gib die Paradigmen der Prinzessin auf, wenn du eine Beziehung suchst, in der du dich als erwachsene Frau wohlfühlst. Das muss keine Frau davon abhalten, in ihrem Traummann einen Helden zu sehen. Auch ein Mann darf hin und wieder seine Partnerin mit den verklärten Augen eines Prinzen betrachten. Es sollte nur nicht das einzige Bild sein. Als Basis für eine gemeinsame Beziehung sollten diese kindlichen Sehnsüchte und Rollen nicht dienen müssen, denn das schafft nur Druck in dir und sorgt für vermeidbares Leid in deinem Leben.

Mach dich frei!

Versuche, deine Paradigmen zu erkennen. Beobachte deine Eltern. Du erhältst dadurch Aufschluss über deine kindliche Konditionierung. Welche Kleidung haben deine Eltern dir gekauft? Welche Kinderbücher wurden dir vorgelesen? Welche Meinungen sind in deinem Freundeskreis vertreten? Konditionierungen sind nicht böswillig entwickelt worden. Sie sind über Jahrhunderte entstanden, um ein Zusammenleben zu ermöglichen und zu strukturieren. Sie sollen einen reibungslosen Ablauf in unserem Leben und in der Gesellschaft sicherstellen. Durch

Überzeugungen, die wir von Anderen übernehmen, müssen wir nicht jedes Detail unseres komplexen Lebens selbst herausfinden. Wir können darauf vertrauen, dass wir uns verletzten, wenn wir aus dem 5. Stock springen. Das müssen wir nicht testen.

Viele alte Glaubenssätze und Überzeugungen brauchen wir heute jedoch nicht mehr, dennoch lassen sie sich nicht einfach abschalten. Frage dich selbst, warum du bestimmte Rollenbilder in dir trägst und beginne, deine individuelle Haltung zu Partnerschaft und Beziehung zu entwickeln. Geh auf Spurensuche in deinem Leben und nimm das mit, was dir nützt und dich stärkt. Überwinde gleichzeitig auch das, was du in deinem Leben nicht nutzen willst. Standards, die für sehr viele Menschen gelten, müssen für dich nicht unbedingt passen. In jedem Bereich hat die Gesellschaft eine Art Durchschnitt entwickelt. Das ist für die meisten Menschen passend. Aber es gibt immer wieder Menschen, die mehr oder weniger brauchen. Mehr Schlaf als der Durchschnitt, weniger zu essen als der Durchschnitt, mehr Freizeit oder weniger Nähe in der Beziehung. Erst, wenn du dich selbst entdeckst, weißt du, wer du bist. Dann weißt du auch, wer einen Partner sucht. Wenn dir das klar ist, weißt du, welchen Partner du suchst. Bleib in diesem Prozess gerne nah an deinen eigenen Gedanken und Gefühlen, denn wenn du den Bezug zu dir selbst verlierst, verringert sich deine Chance, den passenden Partner zu finden.

TRAU DICH GEGEN DEN STROM ZU SCHWIMMEN!

Menschen sind nicht unfehlbar. Immer wieder kam es vor, dass große Teile der Menschheit angebliche Wahrheiten vertraten, die sich später als falsch herausstellten. Dazu gehören die Hexenverbrennung, die Massenvernichtungen von Juden unter der Naziherrschaft oder die Überzeugung, die Erde sei eine Scheibe. All das hat sich als falsch herausgestellt, obwohl große Teile der Gesellschaft zum jeweiligen Zeitpunkt davon überzeugt waren. Wer garantiert uns, dass unsere heutigen Überzeugungen über die Welt in ein paar Jahren oder Jahrzehnten, nicht auch vollkommen überholt sind?

Weißt du, wie dein Smartphone funktioniert? Ich meine dabei nicht, wie du es benutzt, sondern wie die Hardware zusammengelötet und die Software programmiert ist. Weißt du, wie aus binären „Strom an – Strom aus"-Signalen die Bilder werden, die du deinem letzten Date per WhatsApp geschickt hast? Persönlich weiß ich das nicht, das muss ich auch nicht, denn Experten haben sich darum gekümmert und die Technik so für mich als normalen Menschen nutzbar gemacht. Das ist wundervoll, birgt aber auch viele Gefahren. In unserer Gesellschaft wird es immer häufiger, dass wir uns auf „Experten" verlassen und unser eigenes Urteilsvermögen weniger bemühen. Wir müssen nicht mehr selbst Lösungen finden, da Experten dies bereits erledigt haben. Wir nehmen den Glauben anderer Personen an, ohne ihn zu hinterfragen. Wir geben zu viel Macht nach außen ab und müssen wieder anfangen, uns zu überlegen, ob es sinnvoll ist, etwas von anderen zu übernehmen. Übe dich darin, wieder deinen eigenen Kopf zu benutzen und gleichzeitig deine Gefühle zu spüren. Wenn du dich gut kennst, bist du weniger in der Gefahr, einer Manipulation zum Opfer zu fallen.

Warum ist das so wichtig? Du selbst sollst durch deine Gedanken die Führung in deinem Leben übernehmen. Gib dir die Gelegenheit, deine nächsten Schritte zu überdenken. Selbst wenn deine Pläne nicht die Billigung deiner Umgebung erfahren, können sie für dich genau richtig sein. Als ich mein Studium als Diplom-Wirtschaftsingenieur im zehnten Semester abgebrochen habe, um Dating-Coach zu werden, sind auch nicht alle Menschen in meinem Umfeld in jubelnde Freudentänze verfallen. Viele Menschen (inkl. derer, die mir sehr nahe standen und stehen) haben versucht mich davon abzuhalten. Hätte ich auf sie gehört, wäre mein Leben sicherlich weniger glücklich und erfolgreich verlaufen.

Du suchst deinen individuellen Traummann. Du bist nicht auf der Suche nach jemandem, der zu den Vorstellungen deiner Schwester, Mutter, Freundin oder Chefin passt. Dein Traummann soll zu deiner eigenen, wahren Persönlichkeit passen. Du willst mit ihm DEIN LEBEN verbringen und daraus euer Leben werden lassen. Wenn du dir also ganz sicher bist, den nächsten Schritt zu kennen, gehe ihn auch dann, wenn du kein Verständnis bei deinen Freundinnen und Vertrauten erhältst. Nicht die anderen, sondern nur du selbst gehst in deinen Schuhen.

DEIN TRAUMMANN IST EIN EINZELSTÜCK

Es gibt viele Überzeugungen, die uns förmlich eingetrichtert werden. Dazu gehören vor allem Vorurteile und Klischees, die den Umgang zwischen Männern und Frauen zum Thema haben:

Männer wollen immer nur das eine …
Männer sind Schweine …
Männer suchen stets nach einer Ersatzmutter …

Diese Vorurteile halten sich auch dann sehr stabil in den Köpfen, wenn es keine Beweise und wenig Argumente für diese Thesen gibt. Sie werden von Generation zu Generation weitergegeben. Du solltest versuchen, dich nicht zu stark von ihnen leiten zu lassen. Es ist nicht leicht, sie zu überhören oder aus dem eigenen Denken zu verbannen. Vielleicht hilft dir folgende (sanfte) Lösung, dich gegen Vorurteile durchzusetzen.

AUFGABE:

Schreibe in einer ruhigen Stunde alle positiven Erfahrungen auf, die du mit Männern gemacht hast. Schreibe auch alles dazu, was andere Frauen aus deinem Umfeld an tollen Dingen erlebt haben. Allein an dieser Liste siehst du, dass es Männer gibt, die gut zu ihren Frauen sind. Lass dir deine Gedanken nicht durch irgendwelche Miesmacher vorschreiben.

Unser Gehirn arbeitet wie ein Koinzidenzdetektor. Es schafft ständig Zusammenhänge, damit wir die Welt besser verstehen können. Es erschafft Muster, Modelle und Strukturen in der Welt, damit wir uns zurechtfinden. Dabei sehen und erleben wir meist genau das, was wir denken (unsere innere Welt hat großen Einfluss darauf, wie wir die äußere Welt wahrnehmen). Deshalb ist es wichtig, dass sich die eigenen Gedanken an deinen

Zielen orientieren und nicht an deinen Ängsten vor dem Scheitern oder negativen Erfahrungen in der Vergangenheit.

EIN AUTORENNEN FÄHRST DU SCHLIEßLICH AUCH NICHT ERFOLGREICH, INDEM DU DICH IM RÜCKSPIEGEL ORIENTIERST.

Wenn du denkst, dass alle Männer ihre Frauen betrügen, wirst du auf Männer treffen, die es mit der Treue nicht allzu genau nehmen. Wenn du denkst, dass alle Männer schlanke Blondinen bevorzugen, werden dir diese Männer besonders auffallen. Das ist prima, wenn du selbst eine schlanke Blondine bist. Wenn nicht, solltest du deine Erwartungen verändern. Überprüfe sie. Kannst du sicher sagen, dass du das Beste erwartest und verdienst? Nur dann wirst du auch das Beste bekommen. Übe dich in positiven Erwartungen. Stell dir vor, wie schön deine Begegnungen mit deinem Traummann verlaufen werden. Denke nicht über die Vergangenheit nach. Schlechte Erfahrungen musst du nicht konservieren. Wenn du dich in eine positive Zukunft bewegen willst, dann füttere deine innere Navigation mit positiven Erwartungen.

Angenommen du fährst auf der Autobahn und stellst plötzlich fest, dass etwas nicht stimmt. Der Wagen (dein Leben) verhält sich irgendwie nicht so, wie du dir das wünscht. Wahrscheinlich fährst du dann auf den Standstreifen (nimmst dir eine Auszeit) und prüfst, was am Wagen nicht stimmt. Du stellst fest, dass dein Reifen platt ist (dass du ein Problem in deinem Leben hast). Wie reagierst du nun, wenn dein Ziel ist, sicher und glücklich zu Hause anzukommen?

Die meisten Menschen würden wohl den Reifen wechseln oder zumindest den ADAC rufen. In diesem Beispiel ist das logisch. Doch was machen die meisten Menschen in ihrem Leben? Sie lassen das Auto stehen und laufen die letzten zwanzig Kilometer zurück, um herauszufinden, was den Reifen platt gemacht hat. Wenn sie den Nagel dann gefunden haben, bringen sie all ihre Energie auf, um den LKW zu suchen, der den Nagel verloren hat. Haben sie diesen gefunden, suchen sie nach dem Industriebetrieb, der den Nagel produziert hat, um über diesen den

Bergbauer, zu finden, der das Erz abgebaut hat … Während sie also tage-, wochen- und vielleicht sogar monatelang auf der Suche nach dem Ursprung des Problems sind, steht der Wagen verlassen an der Seite und zu Hause werden sie sehnsüchtig von ihrem Traumpartner erwartet. Was ist dir also wichtiger? Den Bergbauer finden, der das Erz abgebaut hat oder den Wagen wieder fahrtüchtig machen und an deinem Zielort ankommen?

Immer wenn ich diese kurze Geschichte erzähle, wird Menschen klar, warum die Frage nach der Herkunft des Problems vielleicht nur die zweitbeste Richtung unseres Denkens ist. Natürlich kann ich mir merken, dass mein Reifen an dieser Stelle platt wurde. Dann kann ich dieselbe Strecke beim nächsten Mal vorsichtiger fahren oder ganz vermeiden. Wenn ich allerdings am Ziel ankommen möchte, hilft es mir nicht weiter, den Schuldigen zu suchen.

NEGATIVE ERWARTUNGEN: DEIN GEHIRN SUCHT NACH BEWEISEN

Wenn du eine negative Erwartung hast, wird dein Gehirn immer nach Beweisen suchen, die diese Erwartungen bestätigen. Auf diese Art und Weise kommt es zu Missverständnissen zwischen Menschen. Ich möchte dir an dieser Stelle ein kurzes Beispiel anbieten.

Agnes ist bisher in zwei Beziehungen gewesen. Beide Partner hatten die gleiche Schwäche, sie waren unpünktlich. Das brachte nicht nur Konflikte mit Agnes mit sich, sondern auch viele Nachteile für die beiden. Ihr Partner hat sogar den Flieger verpasst, als es auf Hochzeitsreise gehen sollte. Agnes denkt inzwischen, Unpünktlichkeit sei eine typische Eigenschaft von Männern. Als sie ihren Traummann kennenlernt, kreisen ihre Gedanken um dieses Thema. Die beiden treffen sich beruflich und vereinbaren ihr erstes gemeinsames Ausgehen. Agnes geht davon aus, dass Mister Right nicht pünktlich sein wird. Und richtig, sie wartet etwa dreißig Minuten im Lokal, bevor sie genervt ein Taxi ruft. Zu Hause ist ein Anruf auf dem Anrufbeantworter. Agnes erkennt die Nummer des Traummannes und löscht die

Nachricht wütend. Alle Männer sind unpünktlich. Sie hat einfach keine Lust mehr auf diesen Mann. Zwei weitere Anrufe gehen ein, doch Agnes hat ihre Entscheidung getroffen. Etwa zwei Wochen später trifft sie ihre Verabredung wieder in einem beruflichen Kontext. Sie zeigt ihm die kalte Schulter. Er will mit ihr reden, doch sie wehrt ab. Ihre schlimmsten Erwartungen haben sich bewahrheitet. Eine Kollegin beobachtet die Szene und geht mit Agnes vor die Tür. Sie fragt, warum die Frau so abweisend sei, woraufhin Agnes die Situation erklärt. Die Kollegin ist entrüstet. „Weißt du denn nicht, was passiert ist? Seine Mutter hatte in den USA einen Unfall und ist später an den Folgen gestorben. Er ist an dem betreffenden Abend mit der nächsten Maschine losgeflogen, um seine Mutter noch einmal lebend zu sehen."

Diese kleine Zusatzinformation hat alles verändert. Agnes ist eine der Frauen, die sich wundern, warum sie immer wieder an die gleichen Männer geraten. Sie erwarten nichts anderes. In ihren Fall lag ein verheerendes Missverständnis vor und es wäre fast dazu gekommen, dass Agnes ihm keine Chance mehr geben hätte. Das alles nur, wegen ihrer falschen Vorannahmen und der daraus resultierenden „Realität". Die beiden sind inzwischen ein Paar, nachdem die Kollegin vermittelt hat. Pünktlichkeit ist beiden sehr wichtig.

DAS DILEMMA DER FRAU

Jeder Kulturkreis hat einen anderen Umgang mit den Geschlechtern. In unserer westeuropäischen Gesellschaft hat sich das Bild der Frau im Laufe der Zeit gewandelt. Doch geblieben ist eine hohe Erwartung an die sogenannte Ehrbarkeit der Frau. Früher war der Schleier bei der Hochzeit ein sicheres Zeichen dafür. War eine Frau keine Jungfrau mehr, wurden ihr der Schleier und mitunter sogar das weiße Kleid verwehrt. Das implizierte, dass Sex, zumindest Sex der Frau, etwas Unreines und Verwerfliches war. Inzwischen hat die sexuelle Aufklärung stattgefunden. Trotzdem ist die Haltung gegenüber der Frau noch nicht so frei wie die einem Mann gegenüber.

Die Gesellschaft ist davon überzeugt, dass eine Frau sich einem geeigneten Mann hingeben sollte. Dabei ist der geeignete Mann oft nicht der, welcher der Frau gefällt, sondern der, welchen das Umfeld für passend hält. Hierzu gehört auch, dass der Mann die Frau versorgen kann. Nicht umsonst ist die erste Frage der Eltern, wenn die Tochter einen neuen Freund hat, die Frage nach dem Beruf. Das ist nicht nur altmodisch, sondern auch hinderlich für die Entwicklung der Tochter. Unbewusst wird ihr nämlich die Botschaft vermittelt, sie sei abhängig vom Einkommen des Mannes. Das macht sie viel kleiner und schwächer, als sie tatsächlich ist. Eine moderne, selbstbewusste Frau kann für sich selbst sorgen. Sie kann sich natürlich freiwillig dafür entscheiden, sich versorgen zu lassen. Aber sie selbst entscheidet dies, niemand sonst.

Früher gab es nur einen Grund für eine Frau, Sex zu haben: um Kinder zu empfangen. Der einzige Mensch, mit dem sie Sex haben durfte, war ihr Ehemann, den ihr wahrscheinlich ihre Eltern ausgesucht hatten. Für die moderne Frau sieht das zum Glück anders aus. Frauen können Sex haben, weil sie es möchten. Es sollte keinen anderen Grund dafür geben.

Viele Frauen schlafen mit einem Mann, weil sie ihn lieben oder zumindest in ihn verliebt sind. Das ist eine Folge der Aufklärung. Arrangierte Ehen gehören (weitestgehend) der Vergangenheit an und (fast) jede Frau darf sich ihren Mann aussuchen. Auch Männer wählen ihre Frauen selbstständig aus. Diese Form der romantischen Liebe war früher meist nicht gegeben. Heute ist Liebe aber nur einer von mehreren möglichen Gründen, um Sex zu haben. Es ist auch vollkommen in Ordnung, wenn eine Frau „just for fun“ mit einem Mann ins Bett geht, wie dies für Männer, schon seit Jahrtausenden normal ist.

Leider sieht unsere Gesellschaft das teilweise immer noch völlig anders. Hat eine Frau Sex nicht aus Liebe, kann es schnell zu übler Nachrede kommen. Eine Frau, die aus Spaß oder Lust mit einem Mann schläft, gilt für viele noch immer als „leichtes Mädchen“. Sie gibt sich schnell hin und bleibt unter ihrem Wert, heißt es dann. Was soll die Frau also tun? Wenn sie sich nicht leichtfertig hingeben will, nicht ohne Gegenleistung Sex bietet, ist sie berechnend. Sie gibt sich nicht einfach her, sondern erhält immer eine Gegenleistung. Dieser Tausch, Sex gegen Gegenleistung, sorgt für eine (ich übertreibe, um zu verdeutlichen) Dynamik, in der die Frau quasi für Sex entlohnt/bezahlt wird.

Unsere Gesellschaft sendet also eine ambivalente Botschaft an Frauen: Verschenke deinen Sex nicht einfach so, denn dann bist du leicht zu haben und eine Schlampe. Verlange aber auch nichts dafür, sonst bist du eine Prostituierte. Frauen befinden sich daher in einem Dilemma. Auf der einen Seite wollen sie sich dem Mann nicht zu früh sexuell hingeben, weil sie dann als Schlampe bezeichnet werden könnten, auf der anderen Seite können sie aber auch keine Bedingungen daran knüpfen, mit dem Mann zu schlafen, weil sie sich dann wie Prostituierte verhalten würden. Egal wie sie sich verhalten, es kann ihnen immer negativ ausgelegt werden.

Die Lösung für dieses Dilemma ist einfach: Überlege selbst und unabhängig von außen, welchen Standpunkt du vertrittst. Wie möchtest du deine Sexualität leben und erfahren? Gehst du mit ihm ins Bett, weil du dir davon erhoffst, dass er dich mehr mag oder eine feste Beziehung mit dir eingeht? Schläfst du mit ihm, weil du ihn magst und gerade Lust hast, diese Erfahrung mit ihm zu teilen? Was auch immer dich glücklich macht, ist das, was du tun solltest.

Das Entscheidende ist, dass du die Mechanik verstehst, die hier am Werk ist. Sobald du erkennst, dass die Gesellschaft oder sogar deine Eltern dich bewusst oder unbewusst ins Schlampen/Prostituierten-Dilemma drängen, kannst du die Führung übernehmen und selbst entscheiden.

Deine eigenen Gefühle sind der beste Wegweiser.

Um dich frei entscheiden zu können, brauchst du eine Grundlage. In Fragen der Liebe und Sexualität sind Gefühle der beste Ratgeber. Vielleicht bist du eine Frau, die sich schnell verliebt. Vielleicht hast du auch schon einige Sexualkontakte hinter dir. Unter Umständen haben viele Phasen der Verliebtheit nicht zu einer Beziehung geführt. Du bist niemandem darüber Rechenschaft schuldig außer dir selbst. Damit ist das Dilemma schon zur Hälfte gelöst: Eine Schlampe bist du auf gar keinen Fall. Die andere Seite des Dilemmas wird oft sogar von Eltern und Gesellschaft gefördert. Das geschieht immer dann, wenn dir geraten wird, einen gründlichen Blick auf das Einkommen des Zukünftigen zu werfen. Damit wird deine Sexualität zu einer Ware. Unsere Gesellschaft verfolgt das Bild, dass eine Frau etwas dafür bekommt, wenn sie Sex mit einem Mann hat. In TV-Serien sehen wir ständig, wie der reiche Ehemann einer Frau Schmuck schenkt und die Szene dann im Schlafzimmer endet. Damit wäre jede Frau in einer monogamen Beziehung eine Prostituierte mit nur einem einzigen Freier, sobald der Mann sie auf irgendeine Weise verwöhnt oder etwas für sie bezahlt. Das macht eine unkomplizierte Beziehung nahezu unmöglich. Dein einziger Ausweg liegt darin, dir selbst treu zu bleiben. Es geht niemanden etwas an, was du mit deiner Sexualität machst. Lass dich nicht von anderen in irgendeine Beziehung oder ein Lebenskonzept drängen, das nicht wirklich zu dir und deinen Herzenswünschen passt.

Das erste Kapitel hat viele Informationen für dich bereitgehalten. Du hast viele verschiedene Dinge gelesen. Du musst nicht alles sofort verinnerlichen. Das ist nicht möglich. Wenn du das Kapitel noch einmal liest, wirst du immer wieder etwas Neues entdecken. Je nach dem Stand deiner persönlichen Entwicklung werden andere Hinweise für dich wichtig sein. Dieses erste Kapitel hat sich stark damit beschäftigt, unter welchen Fremdeinflüssen Frauen in unserem Kulturkreis leben. Es ging vordergründig darum, dass du dir diese Mechanismen und Muster bewusst machen kannst. Denn erst, wenn du weißt, welche Gedanken wirklich aus deinem Inneren kommen und welche durch Prägung und Konditionierung entstanden sind, bist du in der Lage, deine eigenen freien Entscheidungen zu treffen.

DER GUTE UMGANG MIT DIR SELBST

Viele Frauen machen sich wenig Gedanken darüber, wie sie mit sich selbst umgehen. Sie sind darauf fokussiert, gut mit anderen umzugehen. Dafür erwarten sie dann, dass andere es ihnen gleichtun. Doch in dieser Erwartung steckt ein Irrtum. Andere werden dich immer so behandeln, wie du dich selbst behandelst. Wenn du deiner Umgebung zeigst, dass du dir Fürsorge, Rücksicht und Genuss wert bist, werden sie dir alle diese guten Dinge entgegenbringen. Dabei reicht es nicht, darüber zu sprechen. Du musst es tun. Behandle dich selbst so, wie du behandelt werden willst. In diesem Kapitel wirst du einige Tipps und Hinweise dafür erhalten, wie du dich so gut behandeln kannst, als seist du dir selbst ein Traumpartner.

WIE DAS MENSCHLICHE GEHIRN FUNKTIONIERT

Die meisten Menschen sehen sich als Opfer der äußeren Umstände, was daran liegt, dass sie die Informationsverarbeitung im Gehirn falsch interpretieren. Als Opfer ist es enorm schwierig, seine Ziele zu erreichen. Das liegt daran, dass ein Mensch mit Opferhaltung von anderen erwartet, dass sie seine Lebenssituation verbessern. Diese Erwartung wird fast immer enttäuscht, denn dein eigenes Ziel kannst du nur selbst erreichen. Wenn du verstehst, wie das Gehirn arbeitet, fällt es dir leichter, die Verantwortung für deinen Erfolg zu übernehmen. Unser Gehirn empfängt ständig Reize (du erinnerst dich an die Millersche Zahl aus Kapitel 1). Diese Reize werden vom Gehirn mit unterschiedlichen Bedeutungen belegt. Aufgrund dieser Bedeutung findet eine Reaktion statt. Ein kurzes Beispiel kann den Prozess veranschaulichen:

Ein Mann lächelt dir zu. Dein Gehirn gibt dieser Wahrnehmung die Bedeutung „positiv, wichtig“. Du reagierst, indem du zurücklächelst. Wenn das Gehirn eine andere Bedeutung vergibt, beispielsweise „negativ, fiese Anmache“, dann wird deine Reaktion anders ausfallen. In diesem Fall drehst du dich vielleicht abrupt von dem lächelnden Charmeur weg. In jedem Fall geschieht die Interpretation des Lächelns in deinem Gehirn.

Diese kleine Geschichte macht deutlich, wie sehr deine Reaktionen davon abhängen, wie du eine Wahrnehmung bewertest. Aus diesem Grund ist der Blick auf deine Konditionierungen und Prägungen besonders sinnvoll. Denn, wie du bereits aus dem ersten Kapitel weißt, Prägungen und Konditionierungen lassen sich nicht einfach abstellen. Es ist daher wichtig, ihre Wirkung zu kennen.

TRAGE VERANTWORTUNG FÜR DEINE EIGENEN GEFÜHLE

Die meisten Menschen leben ihre Gefühle unreflektiert so aus, wie sie kommen. Sie fühlen sich ihren Gefühlen ausgeliefert. Du hast gerade gelesen, dass die Gefühle davon abhängig sind, wie eine Situation bewertet wird. Damit kannst du die Verantwortung für deine Gefühle selbst tragen. Du musst anfangen, Verantwortung für dein Leben und auch für deine Emotionen zu übernehmen, wenn du erfolgreich im Leben und mit Männern sein willst. Die bereits beschriebene Rolle der Prinzessin, die von ihrem Prinzen gerettet wird, ist vollkommen ungeeignet, um eine glückliche Partnerschaft aufzubauen.

WAS SIND BEISPIELE FÜR LIMITIERENDE KONDITIONIERUNGEN?

Jeder von uns hat Paradigmen (Glaubenssätze oder Überzeugungen) über die Welt bzw. Gewisse Teilbereiche unserer Welt. Es handelt sich dabei um unsere grundsätzliche Denkweise in Bezug auf etwas. Diese Paradigmen können hilfreich und unterstützend sein oder limitierend und destruktiv. Dabei kann es sich um einzelne Überzeugungen handeln (Alle Männer sind Schweine) oder komplexere Definitionen und Modelle (Beziehung bedeutet…, Treue bedeutet, etc.).

Prägung durch deine Erziehung
Einstellung zu Mädchen
Einstellung zu Jungs
Beziehung deiner Eltern
Position unter den Geschwistern etc.

Konditionierung durch die Gesellschaft
Das Aschenputtel-Motiv
Der Mann als Ritter und Retter
Das Schlampen-Prostituierten-Dilemma
Klischees über Männer/Frauen

Diese und noch viele weitere Faktoren sind die Ursache für die Bedeutung und Bewertung, die du einer Situation gibst. Ich kann nicht oft genug betonen, dass es wichtig ist, diese limitierenden Voranahmen zu kennen und ihnen nicht einfach freien Lauf zu lassen. Du hast immer die Möglichkeit, eine Situation auf völlig unterschiedliche Weise zu bewerten.

Angenommen du triffst einen Mann im Café. Ihr unterhaltet euch und der Mann redet zwanzig Prozent der Zeit, während du die restlichen achtzig Prozent übernimmst. Jetzt könntest du mutmaßen, dass der Mann kein Interesse hat und deine Laune würde wahrscheinlich in den Keller gehen. Du könntest aber auch mutmaßen, dass er großes Interesse hat und einfach nur zu schüchtern ist, um mehr zu sagen. Schon würdest du dich weniger schlecht fühlen. Würdest du davon ausgehen, dass er sogar sehr großes Interesse an dir hat und deswegen möglichst viel von dir erfahren möchte, wirst du dich wahrscheinlich sogar noch besser fühlen. Du hast also immer die Wahl.

Dieser Raum zwischen äußerem Reiz und innerer Reaktion beschreibt Viktor Frank in seinem Buch „trotzdem Ja zum Leben sagen: Ein Psychologe erlebt das Konzentrationslager“ als letzte Freiheit des Menschen. Als Juden wurden er, seine Frau und seine Eltern am 25. September 1942 ins Ghetto Theresienstadt deportiert. Sein Vater starb dort 1943, seine Mutter wurde in der Gaskammer von Auschwitz ermordet, seine Frau starb im KZ Bergen-Belsen. Trotzdem machte Viktor Frank weiter und vertritt die Meinung: „Die letzte der menschlichen Freiheiten besteht in der Wahl der Einstellung zu den Dingen.". Egal, was ihm Nazis antaten und wegnahmen. Seine persönliche Freiheit, die Freiheit wählen zu können, wie er mit äußeren Reizen umgeht… die konnte ihm niemand nehmen. Und das obwohl die äußeren Umstände alles andere als einfach für ihn waren. Seine Geschichte ist mehr als inspirierend für mich und ich glaube, jeder von uns kann viel daraus lernen.

Es geht darum, deine inneren Dialoge zu verändern und damit dafür zu sorgen, dass du positiv mit dir selbst in Kontakt trittst. Gib den Dingen die Bedeutungen, die dich positiv stimmen. Bedeutungen, die dich negativ stimmen, sind oftmals vollkommen unbrauchbar, wenn du dein Ziel erreichen willst. Das geschieht am besten, indem du dir selbst Wertschätzung und Respekt zeigst. Behandle dich so gut, wie du deine beste Freundin behandeln würdest. Auch deiner besten Freundin würdest du immer wieder Mut zusprechen und dafür sorgen, dass sie sich nicht resigniert negativen Gedanken hingibt. Geh mit dir ebenso um. Das hat übrigens nichts mit „alles schön reden" zu tun. Es geht nicht darum, dass du vor Schwierigkeiten, Herausforderungen oder Problemen die Augen schließen sollst. Es geht viel mehr darum, lösungsorientiert und konstruktiv mit diesen Dingen umzugehen. Sich ständig sorgen machen ist wie im Schaukelstuhl sitzen - Du bist zwar beschäftigt aber kommst nicht vorwärts. Wenn dich etwas stört, werde aktiv und nimm es in die Hand.

Andere Personen und Umstände lassen sich nur begrenzt beeinflussen und verändern, deswegen ist es umso wichtiger, dass du selbst Verantwortung für deine Gefühle übernimmst und die Kontrolle über dein Leben behältst. Niemand kann dich glücklich machen außer du selbst. Das gilt auch dann, wenn du bereits in einer Beziehung mit deinem Traummann bist. Du steuerst die Bedeutungsvergabe in deinem Gehirn und kannst sie aktiv beeinflussen.

SELBSTBEWUSSTSEIN LERNEN

Die meisten Menschen sind davon überzeugt, Selbstbewusstsein gehöre zum Charakter oder sei angeboren und unveränderlich. Selbstbewusstsein ist aber eine variable Größe und oftmals abhängig vom Kontext. Jeder Mensch kann daran arbeiten, dass er oder sie selbstbewusster wird.

Wenn du lernst, wie Selbstbewusstsein aufgebaut und erhalten werden kann, bist du in der Lage dein Selbstbewusstsein selbstständig zu stärken. Auch für den Grad deines Selbstbewusstseins trägst du die Verantwortung. In der Theorie haben alle Menschen die gleichen Voraussetzungen, wenn sie geboren werden. Allerdings nur in der Theorie. Denn sie werden von der ersten Sekunde ihres Lebens individuell geprägt (wenn man es ganz genau nimmt sogar bereits im Bauch ihrer Mutter). Jeder Mensch bekommt eine Anleitung, wie er mit der Welt umgehen soll. Der eine wird ängstlich erzogen, ein anderer wird überbehütet und ein Dritter wird mehr oder weniger sich selbst überlassen. In der Kindheit werden wir alle an den Start eines individuellen Weges gestellt. Während wir erwachsen werden, beginnen wir Stück für Stück, die Verantwortung für uns selbst zu übernehmen. Von diesem Punkt an können und müssen wir selbst entscheiden, welchen Weg wir wählen wollen. Sobald du erwachsen geworden bist, hast du die potenzielle Macht über dein Leben. Du kannst angefangen, deine eigenen mentalen Strategien zu entwickeln. Du kannst dich bewusst dafür entscheiden, Selbstvertrauen und Selbstbewusstsein aufzubauen und zu leben. Das geht aber nicht von heute auf morgen.

DER ERSTE SCHRITT IN RICHTUNG SELBSTBEWUSSTSEIN IST EINE BEWUSSTE ENTSCHEIDUNG: AB HEUTE WERDE ICH MIR MEINER SELBT BEWUSSTER.

Wenn du dich selbst ernst nimmst und dich mit Wertschätzung behandelst, wirst du diesen Vorsatz von Tag zu Tag wahr werden lassen. Du wirst jeden Tag einen weiteren Schritt unternehmen, der dein Selbstbewusstsein stärkt. Doch wie laufen diese Schritte ab? Das Wort Selbstbewusstsein besteht aus dem

Wort Selbst und Bewusstsein. Das ist nicht dasselbe wie Selbstvertrauen, auch wenn es umgangssprachlich oft synonym verwendet wird. Wenn du also mehr Bewusstsein über dich selbst entwickelst, wirst du automatisch selbstbewusster. Du lernst neue Dinge über dich selbst und erlangst neue Erkenntnisse, die dir dabei helfen dich besser zu verstehen und in der Welt zurechtzufinden.

Selbstvertrauen auf der anderen Seite stellt eine gewisse Selbstsicherheit dar. Das Vertrauen darin, dass wir dazu in der Lage sind mit den Herausforderungen des Lebens gut umzugehen. Wenn wir uns selbst gegenüber treu bleiben, stärkt das unser Selbstvertrauen. Das ist auch der Grund, weswegen Selbstvertrauen und Selbstbewusstsein nicht identisch sind.

Wie willst du dir selbst vertrauen können, wenn du dich selbst nicht kennst? Es bedarf also einem gewissen Selbstbewusstseins, um Selbstvertrauen entwickeln zu können.

Besonders wichtig ist die Wertschätzung dir selbst und anderen gegenüber. Selbstwertschätzung fällt vielen Menschen oft viel schwerer als Wertschätzung gegenüber anderen. Vergleiche dich mit einer Banknote, die einen bestimmten Wert hat. Stell dir einen Geldschein vor, der den Wert von fünfhundert Euro ausweist. Wenn du diesen Geldschein einem Mann schenken willst, und er lehnt ihn ab, bleibt der Wert der Banknote erhalten. Du kannst ihn gegen alles einlösen, was dem Wert von fünfhundert Euro entspricht. Unabhängig davon, ob der Mann ihn annehmen will oder nicht, gibt es unendlich viele andere Menschen, die liebend gerne etwas gegen diese fünfhundert Euro tauschen würden. Selbst wenn der Geldschein auf den Boden fällt, zwanzig Menschen darauf herumtrampeln; selbst wenn der Geldschein in die Jahre gekommen ist, schmutzig und zerknüllt ist; selbst dann kannst du ihn ohne größere Probleme an unendlich vielen Orten gegen unendlich viele wundervolle Dinge tauschen. Die Ablehnung des Geldscheins durch den Mann hat keinerlei Einfluss auf seinen Wert.

An diesem Beispiel kannst du erkennen, dass Ablehnung nichts mit dem Wert eines Menschen zu tun hat. Deinen Wert definierst du selbst. Wenn du Ablehnung durch einen anderen

Menschen erfährst, ändert das nichts an deinem Wert als Mensch. Je mehr Selbstbewusstsein du hast, umso mehr bist du dir deines Wertes bewusst und umso weniger bist du davon abhängig, ob jemand anderes dich haben will oder nicht. Du weißt schlichtweg um deinen Wert.

Dir deiner selbst bewusst zu werden ist der Schlüssel zu deinem Selbstbewusstsein, zu beginnen dich selbst zu kennen ein erster Schritt auf dem Weg zu deinem persönlichen Erfolg. Wenn du dich wahrnehmen kannst, kennst du deine Gefühle, deine Gedanken und auch deinen Körper. Damit hast du die Möglichkeit, dich selbst in die Richtung zu führen, die dein Leben nehmen soll. Bleibst du dir unbekannt und fremd, fällt es dir schwer, deine eigenen Ziele zu erreichen. Immerhin kennst du dich selbst kaum und kannst daher nur schwer abschätzen, was du wirklich willst. Diese Gedanken bilden die Basis für den folgenden Abschnitt.

ROUTINE IST GEFÄHRLICH

Hast du dich schon einmal gefragt, wie viel Zeit du darauf verwendest, dich selbst zu beobachten? Damit ist nicht der morgendliche Blick in den Spiegel gemeint. Es geht um deine Handlungen, um das, was du sagst, denkst und fühlst. Vielleicht handelst du oft spontan oder eher unbewusst. Genau zwei Buchstaben entscheiden über deinen Erfolg und das Erreichen deiner Ziele. Handelst du eher unbewusst oder eher bewusst? Das Unterbewusstsein hat einen großen Einfluss auf uns und unser Verhalten. Wenn wir nicht bewusst mit uns umgehen, geschieht es unbewusst. Dann handeln wir entweder aus Gewohnheit und Routine oder wir handeln im Sinne anderer. Das Gefährliche am Unterbewusstsein ist, dass wir es meist nicht spüren. Irgendetwas läuft schief, das Ziel rückt immer weiter weg – warum nur? Weil niemand das Steuer in der Hand hat. Das Unterbewusstsein hält uns wie eine Marionette an unsichtbaren Fäden. Das macht auf Dauer unglücklich.

Es kommt der Punkt, an dem du dich fühlst, als sei dein Leben nicht wirklich DEIN Leben. Du beginnst, dich in der täglichen Routine mit all ihren unbewussten Abläufen zu langweilen. Frust schleicht sich ein. Du suchst einen Ausweg und landest in deiner Lieblingsboutique, deiner Stammkneipe oder einfach auf der Couch vor dem Fernseher. Wie bedauerlich. Irgendwann werden auch die vielen Ablenkungen zu Gewohnheiten und das Problem vergrößert sich. Spätestens jetzt ist es an der Zeit, Selbstbewusstsein aufzubauen. Sonst werden Krisen und Krankheiten dich aus deiner Trance reißen.

AUFGABE 1:

Wenn du dir mehr Glück und Zufriedenheit in deinem Leben wünscht, fange an, dein Bewusstsein zu trainieren. Beginne damit, dir einmal am Tag oder mindestens einmal pro Woche aufzuschreiben, welche deiner Handlungen dazu geführt haben, dass eine Situation nicht befriedigend für dich gelaufen ist. Was hättest du besser machen können? Wie möchtest du zukünftig mit ähnlichen Situationen umgehen? Was könnte es dir leichter machen, dich deinen Wünschen entsprechend zu verhalten? Notiere auch die Handlungen, die richtig gut gelaufen sind. Schreibe deine Gefühle und deine Gedanken auf. Auf diese Weise erkennst du schnell, wo du selbst die Weichen dafür gestellt hast, dass du in der vergangenen Woche weniger Macht und weniger Verantwortung hattest, als du wolltest. Wenn du erfolgreich sein willst, dann ist Selbstbewusstsein eine wichtige Grundlage. Erfolg hast du dann, wenn du die Macht und die Verantwortung für dein Leben in deinen eigenen Händen hältst. Wenn du dich eine Weile beobachtet hast, kannst du dein eigenes Training noch verstärken. Stärke dich selbst.

AUFGABE 2:

Jeder Mensch hat Ziele. Erkenne das Ziel, das dir am wichtigsten ist. Das kann eine Beziehung zu einem Traummann sein oder ein neuer Job. Vielleicht willst du abnehmen oder endlich ein bestimmtes Hobby erlernen. Beobachte dich speziell unter diesem Aspekt. Welche Fähigkeit fehlt dir, um dein Ziel zu erreichen? An welcher Stelle stehst du dir selbst im Weg? Die wichtigste Frage aber lautet: Was kannst du schon? Beginne, deinen Fokus auf das zu legen, was du schon erreicht hast und welche Fähigkeiten du einbringen kannst. Je stärker du die positiven Seiten betonst, umso eher wird es dir gelingen, deine Stärken zu leben und die Schwächen treten wie von selbst in den Hintergrund. Gesine Dreisbach beschreibt in ihrem Artikel „Wie Stimmungen unser Denken beeinflussen" Technische dass wir Probleme als größer und Krisen als schlimmer wahrnehmen, wenn wir in einer negativen Stimmung sind. Einen Link zu dem Artikel findest du auch im Mitgliederbereich unter

DariusKamadeva.de/unwiderstehlich

Glaube an dich selbst! Du bestimmst, was du denkst und was du fühlst. Das ist das Ergebnis von Selbstbewusstsein. Wenn du die Überzeugung hast, dass du wenig kannst und meilenweit vom Ziel entfernt bist, dann wird sich diese Überzeugung überall in deinem Leben zeigen. Die eigenen Überzeugungen und der eigene Glaube schaffen die Realität um dich herum. Wenn du aber deine positiven Seiten in deinen eigenen Fokus stellst, wirst du überzeugt sein, dein Ziel zu erreichen. Dieser Glaube an dich schafft eine ganz andere Realität. Wenn deine Überzeugungen positiv sind, wird auch deine Realität positiv. Sind deine Überzeugungen von Angst und Zweifel geprägt, wird auch deine Wirklichkeit sich schwierig darstellen. Dein Selbstbewusstsein bestimmt, was du selbst hinsichtlich deiner eigenen Person glaubst. Dieser Glaube an dich selbst ist entscheidend für deinen Erfolg und bildet dein Selbstvertrauen.

NIMM DICH LIEBEVOLL AN

Dein Traummann ist in deiner Vorstellung sicher ein Mann, der dich annimmt, so wie du bist. Er wird begeistert von dir sein und dir jeden Wunsch von den Augen ablesen. Er wird deine Schwächen ebenso lieben wie deine Stärken. Dein Traummann wird dich nie verurteilen und dich nie im Stich lassen. Er wird dich einfach gut behandeln. Bevor ein Mann diese Haltung dir gegenüber einnehmen kann, musst du dich erst selbst gut behandeln. Wie gehst du mit dir um? Menschen werden nie dauerhaft besser zu dir sein, als du selbst es bist. Deshalb ist es sehr wichtig, wie du dich behandelst. Wenn du dich wie Aschenputtel behandelst, werden alle anderen es auch tun. Auch dein Traummann macht da keine Ausnahme. Diese Annahme deiner eigenen Person wird als Selbstakzeptanz bezeichnet. Selbstakzeptanz bedeutet, fair zu dir selbst zu sein. Fang an zu beobachten, wie du mit dir selbst redest, und du wirst feststellen, dass du dir gegenüber viel kritischer bist, als du es gegenüber einer fremden Person wärst. Mit einem Freund oder Fremden würdest du nie so reden – warum dann mit dir selbst?

Viele Menschen motivieren sich aus Angst und aus Unzufriedenheit. „Ich bin noch nicht gut genug, deswegen brauche ich noch dies oder das." Das kann funktionieren, sorgt aber auf lange Sicht dafür, dass du niemals auf dein volles Potenzial zugreifen kannst. Effektiver ist es, wenn du dich selbst akzeptierst. Akzeptiere, dass du noch nicht an dem Punkt bist, an den du willst. Sei zufrieden mit der Stelle, auf der du gerade stehst, aber erkenne an, dass es für dich noch weitergehen soll. Wenn wir anfangen, die eigenen Schwächen zu akzeptieren, dann haben wir die Grundlage für positive Veränderung und Entwicklung geschaffen. Die eigenen Schwächen werden nämlich nie verschwinden. Vielleicht können wir den einen oder anderen Makel ausbessern, den wir an uns erkennen. Grundsätzlich gehören individuelle Schwächen aber zum Leben. Das ist auch gut so, denn perfekte anmutende Menschen sind in Realität oftmals sehr anstrengend, nicht authentisch und nervig. Dann doch lieber ein Mensch mit Ecken und Kanten, bei dem man weiß, was man hat. Ein Unikat eben.

Im Laufe unserer Entwicklung geraten wir immer wieder in unbekannte Situationen. In jeder dieser unbekannten Situation können neue Stärken und auch neue Schwächen ans Licht kommen. Selbstakzeptanz beginnt mit der Fähigkeit, sich selbst als einen Menschen zu sehen, der gerade wegen seiner Schwächen und Stärken vollkommen ist. Wenn du deine eigenen Schwächen nicht annehmen kannst, setzt du dich unter Druck. Druck ist keine gute Voraussetzung, dich persönlich zu entfalten und an dich selbst zu glauben. Druck erzeugt Gegendruck und so wirst du in einen Konflikt mit dir selbst geraten. Innere Konflikte rauben dir die Kraft, die du brauchst, um dein Ziel zu erreichen. Denk einfach daran, wie du mit deiner allerbesten Freundin oder deiner Tochter umgehen würdest. Du würdest ihr Mut machen und ihr immer wieder erzählen, wie zauberhaft und attraktiv sie ist. Wenn sie dann über ihre Schwächen lamentiert, würdest du sie beruhigen und sie darauf hinweisen, dass auch der Traummann seine Schwächen hat. Niemand ist perfekt. Das ist sicher die Grundüberzeugung, mit der du deiner Freundin oder deiner Tochter beistehen würdest. Diese Überzeugung solltest du auch auf dich selbst anwenden. Denn es stimmt. Niemand ist perfekt.

VERANTWORTUNG FÜR DICH SELBST ÜBERNEHMEN

Verantwortung ist ein großes Wort. Verantwortung für sich selbst zu übernehmen, fällt vielen Menschen sehr schwer. Zu groß ist die Versuchung, in der Opferrolle zu verharren. Frauen bekommen es in gewisser Weise sogar beigebracht. Denk zurück an das Dilemma zwischen der Schlampe und der Prostituierten, von dem du schon gelesen hast. Wie du es machst, du machst es falsch. Viele Frauen haben deswegen die Überzeugung entwickelt, dass sie es gar nicht richtig machen können. Sie bedauern sich dafür, resignieren und warten auf den Prinzen, der sie erlöst und ihre Welt in ein Paradies verwandelt.

Wenn du aber wirklich glücklich werden willst, dann ist es notwendig, dass du Verantwortung für dein Leben übernimmst und aufhörst, auf den einen magischen Moment zu warten, der alles verändert. Bau dir dein eigenes Schloss! Erinnere dich daran, was du über die Wirkung deiner eigenen Gedanken und Gefühle gelesen hast. Jetzt brauchst du dieses Wissen. Verantwortung bedeutet, dass du dich selbst für den Erfolg und die Liebe in deinem Leben verpflichtet fühlst. Es liegt an dir, welche Dinge du in dein Leben ziehst und welche Dinge du abstößt. Wenn du einen Schritt in Richtung Erfolg unternimmst, dann frage dich, warum du diesen Schritt gegangen bist. Lautet deine Antwort: „Ich hatte keine andere Wahl“, hast du keine Verantwortung übernommen, sondern das Leben hat dich dazu gezwungen. Wenn dein Flirt dich schon beim ersten Date schlecht behandelt, triff dich nicht ein zweites Mal mit ihm. Wenn du es doch tust, frage dich, warum. „Ich wollte nicht unhöflich erscheinen“ ist eine Antwort, die zeigt, dass du zu wenig Wertschätzung für dich und zu viel für ihn aufbringst. Das ist fehlende Eigenverantwortung. Denn du kümmerst dich nicht nachhaltig und gesund um dich selbst.

Mach dir klar, dass alles, was du heute erlebst, deine eigene Schöpfung ist. Wenn du übergewichtig bist, dann sind nicht deine Eltern schuld, die dir keine gesunde Ernährung beigebracht haben. Auch deine schweren Knochen sind keine Ausrede. Spätestens seitdem du erwachsen bist, war es immer deine Entscheidung – du bist verantwortlich. Niemand ist eines Morgens aufgewacht und hatte plötzlich 25 Kilo zu viel auf den Rippen. Das war keine Überraschung, sondern kontinuierlich (unbewusst) getroffene Entscheidungen. Diese Wahrheit ist zu Beginn für viele Menschen schmerzhaft. Es tut weh, sich einzugestehen, dass man eine Zeit lang auf dem Holzweg war. Gleichzeitig ist diese Erkenntnis unglaublich wichtig, damit du zurück auf deinen eigentlichen Weg kommen kannst.

Du kannst einen Ernährungsberater aufsuchen, zum Sport gehen und eine Diät durchführen. Aus der Opferrolle herauszutreten und die komplette Verantwortung zu übernehmen ist nicht einfach, aber es lohnt sich. Nur wenn du die Verantwortung übernimmst, kannst du dem Leben deine Richtung geben. Nur wenn du ein Leben nach deinen Standards, Werten und Vorstellungen lebst, wirst du dauerhaft glücklich sein können. Entdecke dein volles, schöpferisches Potenzial. Unser Level an Zufriedenheit hängt stark davon ab, wie sehr wir das Gefühl haben, dass wir die Dinge in der Hand haben, die uns passieren, statt von ihnen kontrolliert zu werden.

Die Motivation für dein Handeln sollte immer in deiner eigenen Überzeugung liegen. Du tust oder lässt etwas, weil du davon überzeugt bist. Der Grund sind nicht deine Freundinnen, die schlechte Kindheit oder die Medien. Das Geheimnis der Verantwortung für dich selbst liegt in einem einzigen Schritt. Dieser Schritt führt dich heraus aus der Rolle der reagierenden Frau in die Rolle der agierenden Frau. Das bedeutet, du übernimmst das Steuer.

Lass dich nicht durch dein Leben fahren; fahre selbst. Du bestimmst den Weg und das Ziel. Weißt du noch, dass die eigenen Ziele eine Navigation darstellen? Wenn du das Ruder aus der Hand gibst, dann lenkt dich eine andere, eine fremde Navigation. Dir bleibt dann nur noch, auf fremde Entscheidungen zu reagieren. Das ist kein selbstbestimmtes Leben. Du führst dann das Leben der anderen. Warum sollten andere ein Interesse daran haben, dich zum Ziel zu führen? Sie haben ein Interesse daran, ihre eigenen Ziele zu erreichen. Das ist normal und viele Menschen werden nichts unterlassen, um zum Ziel zu kommen. Aus genau diesem Grund bleibt dir nichts anderes übrig, als die Verantwortung für dich selbst zu tragen, wenn du langfristig glücklich sein willst. Hör einfach auf, anderen Menschen oder Umständen die Schuld dafür zu geben, dass etwas in deinem Leben noch nicht so läuft, wie du es dir wünscht. Mach dich an die Arbeit und unternimm die notwendigen Schritte, die dich zu deinem Ziel führen. Fang an, aktiv zu leben!

Bevor du dich über etwas beschwerst, mach es selbst erst besser. Wenn du den Mann deiner Träume finden willst, dann ist es notwendig, dass du selbst zu einer attraktiven und begehrenswerten Frau wirst – zu der Frau seiner Träume. Dazu musst du Verantwortung übernehmen und aufhören, im Schutz der Opferrolle zu leben. Du darfst deine Komfortzone verlassen und die Wanderschuhe deines Lebens anziehen. Ich lade dich herzlich dazu ein, dir dein Traumleben zu erschaffen. Das ist nicht immer einfach und es macht auch nicht immer Spaß. Aber es ist die einzige Option, wenn du nicht für den Rest deines Lebens als verbitterte und einsame Jungfrau in deprimierter Resignation leben willst.

SEI DIR SELBST GEGENÜBER VERTRAUENSWÜRDIG

Nachdem du schon viel über Selbstbewusstsein gelesen hast, wird sich der folgende Abschnitt um das Thema Selbstvertrauen drehen. Selbstvertrauen ist ebenso erlernbar wie Selbstbewusstsein.

AUFGABE 1:

Nimm dir ein paar Minuten Zeit, um darüber nachzudenken, welche Eigenschaften ein Mensch besitzen muss, damit du ihm vertrauen kannst. Schreibe es JETZT auf,

Die wichtigste Eigenschaft ist sicher, dass er seine Zusagen und Versprechen dir gegenüber einhält. Jemand, der dir etwas verspricht und dann nicht hält, wird über kurz oder lang dein Vertrauen verlieren. Du wirst ihm nichts mehr glauben und eure Beziehung wird sich wahrscheinlich verschlechtern oder vollständig auflösen. Enttäuschtes Vertrauen ist eine schlimme Sache.

AUFGABE 2:

Nun geht es um dich. Hast du selber diese Eigenschaften, die du dir von anderen wünschst? Bitte denke einmal darüber nach, wie du mit dir selbst umgehst. Hältst du deine Versprechen dir gegenüber? Wie oft hast du dir schon versprochen, abzunehmen, eine Sprache zu lernen oder besser auf dich aufzupassen? Hast du dich dir selbst gegenüber immer vertrauenswürdig erwiesen? Schreib es JETZT auf.

Viele Menschen gehen nicht gut mit sich selbst um. Sie treffen Entscheidungen und fassen Vorsätze, die sie bei nächster Gelegenheit wieder über den Haufen werfen. Auf Dauer führt das dazu, dass sie sich nichts mehr zutrauen, weil sie sich immer wieder selbst enttäuschen. Es ist wichtig, dass du die Dinge, die du dir vornimmst, auch wirklich machst. Jedes Mal, wenn du dir etwas vornimmst und es nicht machst, sinkt dein Selbstvertrauen. Du kannst dir mit jeder Enttäuschung ein bisschen weniger vertrauen. Dadurch, dass du dir weniger vertrauen kannst, wird es auch anderen Menschen schwerer fallen, dir zu vertrauen. Wir Menschen haben ein jahrtausendealtes internes Empathiesystem. Wir haben durch unsere Spiegelneuronen die Fähigkeit, ziemlich präzise wahrzunehmen, ob jemand authentisch (und somit vertrauensvoll) ist oder ob wir uns lieber von ihm fernhalten sollen. Dies war (und ist in gewisser Weise immer noch) für das Überleben des Einzelnen und der Menschheit notwendig.

Um die Dinge, die du dir vornimmst, auch umsetzen zu können, ist es notwendig, dass du weißt, was du überhaupt willst. Willst du wirklich deinen Traummann finden oder bist du mit deinem Leben als Single zufrieden? Willst du wirklich abnehmen oder hast du diesen Wunsch halbherzig gefasst, weil deine Mutter dich auf deine Figurprobleme hingewiesen hat? Willst du endlich einen besser bezahlten Job oder kannst du dich in deinem Elend der Unterbezahlung herrlich als Opfer einrichten? Manche Menschen haben über die Jahre Gefallen daran gefunden, bemitleidet zu werden, und haben deswegen nur begrenzt Motivation wirklich etwas zu ändern – immerhin würde sie dann niemand mehr mit Mitleid überhäufen.

Du siehst, hier spielen dein Selbstbewusstsein und deine individuelle Wertschätzung sowie die Eigenverantwortung mit hinein. Mach dir dein Ziel bewusst und erforsche, ob es sich um dein eigenes Ziel handelt. Erst wenn deine eigenen Wünsche und Bedürfnisse mit deinem Ziel im Einklang sind, kannst du dieses Ziel auch erreichen. Zu deinem eigenen Ziel führt in jedem Fall ein Weg. Du wirst allein deshalb Erfolg haben, weil dein Ziel deinem inneren Wesen entspricht. Wenn du dein Ziel gefunden hast, dann kannst du dir ohne Bedenken versprechen, dass du es erreichen wirst. Du kannst dir zusagen, jeden Tag einen kleinen Schritt auf dein Ziel zuzugehen. Dieses Versprechen dir selbst gegenüber kannst du einhalten. So steigerst du dein Selbstvertrauen täglich ein bisschen mehr. Du wirst zu einem Menschen, dem du vertrauen kannst und gleichzeitig zu einem Menschen, dem andere vertrauen können.

AUFGABE 3:

Nimm dir ein wenig Zeit und schreibe die Antworten auf die folgenden Fragen auf ein Blatt Papier. Mal angenommen, Geld würde keine Rolle spielen und die Chance zu versagen würde nicht bestehen: Was würdest du in den nächsten fünf Jahren aus deinem Leben machen?

Was willst du tun?
Wer willst du sein?
Was willst du haben?
Was möchtest du an die Welt zurückgeben?
Und dann schreib auf, was du tun kannst, um diese Ziele zu erreichen.

Wenn du nichts tun kannst, ist es entweder nicht dein wirkliches Ziel oder du bist nicht bereit, den spezifischen Preis dafür zu zahlen. In diesem Fall solltest du die Finger von diesem Ziel lassen, denn dein Scheitern wird dazu führen, dass du dich selbst enttäuschst. Setze dir Ziele, von denen du weißt, dass du sie erreichen kannst, damit du dir mit der Zeit immer mehr selbst vertraust. Es kann sehr hilfreich sein, große und ambitionierte Ziele zu haben. Eventuell bekommst du gerade durch die große Herausforderung die notwendige Kraft, um deine Ziele (zumindest teilweise) zu erreichen. Wenn du allerdings tendenziell eher wenig Selbstbewusstsein und Selbstvertrauen hast, fange mit etwas kleineren Zielen an und arbeite dich langsam hoch. Als du lesen und schreiben gelernt hast, hast du ja schließlich auch nicht direkt angefangen, 50 Shades of Grey zu lesen oder Harry Potter zu schreiben. Gewöhn dich langsam wieder an den Prozess, dir Ziele zu setzen und darauf hinzuarbeiten. Dadurch wirst du mit dem Prozess immer vertrauter und dir wird es immer besser gelingen.

Stell dir die folgende Situation vor: Zwei Freunde, Uwe und Max, wollen einen Berg erklimmen. Während Uwe bereits ein erfahrener Kletterer und Bergsteiger ist, möchte Max dieses Hobby neu für sich entdecken. Uwe hat die Route ausgesucht und Max vertraut seinem Freund. Doch nach einer Weile beklagt Max sich. Die Höhenluft setzt ihm zu und die Steigung ist ihm zu stark. Uwe beruhigt ihn und treibt ihn an. Er fordert Max auf, ihm zu vertrauen. Nach ein paar Stunden kann Max nicht mehr weiter. Er ist erschöpft, stolpert und verstaucht sich den Knöchel; die Bergrettung muss den gescheiterten Anfänger herunterholen. Die Rettungskräfte fragen Max, wieso er sich als Anfänger eine so anstrengende Tour ausgesucht hat. Max ist erschüttert und enttäuscht von seinem Freund Uwe. Die Freundschaft bekommt einen Knacks und das Vertrauen, das Max in Uwe setzte, ist verschwunden. So gehen viele Menschen mit sich selbst um. Geißel dich deswegen nicht zu hart. Denk dran, es geht stärker um die Reise als das Endziel. Was hilft es dir, auf dem Berg anzukommen, wenn du die gesamte Reise verfluchst, weil du sie nicht genießen konntest?

Beginne mit kleineren Zielen, damit du dich selbst nicht enttäuschen musst und dein Selbstvertrauen nicht leidet, weil du dich überfordert hast. Das bedeutet nicht, dass du jeder Anforderung aus dem Weg gehen musst. Du darfst und solltest dir ruhig etwas abverlangen und dich fordern. So gewinnst du stetig an Kraft. Nur solltest du dir keine Ziele setzen, die du im Moment einfach nicht erreichen kannst. Hebe dir die größeren Ziele für eine Zeit auf, in der du über mehr Erfahrung und mehr Kompetenzen verfügst.

Wenn du dein Ziel vor Augen hast und dir selbst ausreichend vertraust, um ihm entgegenzugehen, solltest du noch einen wichtigen Aspekt berücksichtigen. Es geht nicht nur um das, was du tun musst, um dein Ziel zu erreichen. Es geht auch um das, was du lassen musst, weil es deinem Ziel schadet. Wenn dein Ziel ist, den Traummann zu finden, solltest du dich beispielsweise nicht zu Hause verstecken, denn dort wird Mr. Right nicht auf dich warten. Er wird wahrscheinlich nicht eines Tages spontan an deiner Wohnungstür klingeln, fragen, ob du etwas Butter hast, und sich augenblicklich in dich verlieben, weil die Schokoeisflecken auf deinem übergroßen Kuschelrock-T-Shirt so süß sind. Wenn du abnehmen willst, ist es nicht förderlich, zum Ernährungsberater und zum Sport zu gehen, aber trotzdem jeden Abend vor dem Fernseher eine Tüte Chips zu futtern.

Überprüfe auch gerne mal für dich, welche Dinge und Gewohnheiten in deinem Leben aktiv deinen Träumen schaden und stelle sie eine nach der anderen ab.

Es geht um die Wertschätzung deiner eigenen Person gegenüber. Sei ehrlich zu dir und dir selbst treu. Von dem Traummann, den du suchst, wirst du sicherlich Ähnliches erwarten.

DEIN PERFEKTER TAG

Zum Abschluss dieses Kapitels schlage ich dir eine Übung vor, in der du alles trainieren kannst, was du auf den vorangegangenen Seiten gelesen und gelernt hast. Es ist noch kein Meister vom Himmel gefallen. Das gilt auch für den Aufbau von Selbstbewusstsein und Selbstvertrauen. Nimm dir also die Zeit, die du brauchst, um diese Übung durchzuführen. Wenn es nicht auf Anhieb klappt, gönne dir ruhig weitere Anläufe. Sei einfach liebevoll und geduldig mit dir, denn das solltest du dir wert sein. Sicher erinnerst du dich daran, was im ersten Kapitel dieses Buches über die Kraft deiner mentalen Einstellung gesagt wurde. Mit der folgenden Übung wirst du diese Kraft erfahren und stärken. Hier geht es in erster Linie um Visualisierungen. Visualisierungen sind Vorstellungen, die du vor deinem inneren Auge zur Realität werden lässt. Da das menschliche Gehirn nur sehr begrenzt zwischen Vorstellung, Fantasie, Imagination und Wirklichkeit unterscheiden kann, nimmt es die Visualisierungen als Realität an und lässt dich im Sinne deiner Vorstellungen agieren. Leistungssportler nutzen diese Technik vor großen Wettkämpfen, um ihre Erfolgschancen zu erhöhen.

AUFGABE:

Deine Aufgabe ist, dir den perfekten Tag vorzustellen. Damit ist kein Tag gemeint, den es nur einmal gibt. Vielmehr geht es um einen Tag, der sich unbegrenzt oft wiederholen könnte. Stell dir vor du müsstest einen Tag, für den Rest deines Lebens immer wieder erleben. Dieser perfekte Durchschnittstag kennt keine Grenzen. Alles, was du dir vorstellen kannst (und was im Rahmen unserer Naturgesetze ist) ist möglich. Aber du erlebst denn Tag jeden Tag aufs Neue. Eine wilde Party wird daher wahrscheinlich nicht unbedingt in deinem Interesse sein. Um eine Visualisierung wirksam werden zu lassen, musst du sehr genau am Detail arbeiten. Dem Gehirn reichen Kurzbotschaften nicht. Statt zu sagen, „Mein perfekter Tag ist ein Tag mit meinem Traummann", braucht das Gehirn ganz viele Einzelheiten, Bilder und Informationen. Nur so können deine Gedanken dich dazu bringen, diesen perfekten Tag umzusetzen. Deine Visualisierung ist viel wirksamer, wenn du sie aufschreibst. Besorge dir Block, Buch oder Laptop und schreibe deine Gedanken nieder. Nimm dir ein paar Minuten, um dich darauf einzustellen. Mache dir etwas Musik an, schönes Licht und mach es dir gemütlich. Das ist der Anfang der positiven Gefühle für deinen perfekten Tag. Nimm dir also viel Zeit und gehe deinen Tag so detailreich wie möglich durch:

Wo wachst du auf?
Was ist dein erster Gedanke?
Was riechst du?
Was ist dein erstes Wort?
Neben wem wachst du morgens auf?
Was machst du mit dieser Person?
Kuschelt ihr?
Wie sieht dein Badezimmer aus?
Mit was für einer Art Handtuch trocknest du dich ab?
Arbeitest du?
Wenn ja, wo? Mit wem? Was genau machst du?
Wie sieht dein Abend aus?
Was hörst du?
Was fühlst du?
Was spürst du?

Stell dir deinen perfekten Tag bis ins kleinste Detail vor. Lass dir dafür viel Zeit und schreib gerne zehn bis zwanzig Seiten. Je Genauer, desto besser für dich.

Stell dir vor, du willst nach Italien fahren, gibst in deinem Navi aber nur „Süden" ein. Du könntest an vielen Orten herauskommen. Nur wenn du die Richtung ganz exakt beschreibst und das Ziel klar und eindeutig definierst, weiß dein Gehirn, worum es geht. Diese Übung ist keine einmalige Aufgabe. Mach dir zur Gewohnheit, täglich ein paar Minuten an deinem perfekten Tag zu arbeiten. Nimm dir jeden Abend fünf Minuten Zeit, um dir deinen perfekten Tag gedanklich vorzustellen. Das hilft dir dabei, den Tag wirklich zu erleben. Dann nimm dir fünf Minuten Zeit und stell dir vor, wie der morgige Tag verläuft. Zum Schluss kannst du noch eine Meditation machen. Ich empfehle dir die 8 Phasen Meditation aus dem Mitgliederbereich zum Buch. Du findest sie unter:

DariusKamadeva.de/unwiderstehlich

BEZIEHUNGEN VERSTEHEN

Unsere modernen Liebesbeziehungen sind keine natürliche Gabe. Sie sind geprägt von der Kultur, in der sie stattfinden. Unsere Auffassung von Beziehung hat sich immer wieder verändert. Meist fand eine Anpassung an die Rahmenbedingungen der Gesellschaft statt. So wird zum Beispiel die Freiheit, als Single zu leben, erst möglich, wenn Arbeitsplätze, Wohnungen und Freizeitaktivitäten für Singles zur Verfügung stehen. Als die Zahl der Kinder noch wichtig für eine Absicherung im Alter war, waren viele Partnerschaften als private Altersvorsorge zu sehen. In der modernen Zeit mit einem ganz anderen Ruhestandsmodell müssen Partner nicht mehr Eltern werden, wenn sie nicht wollen. Unsere Gesellschaft, Kultur, Gesetze, Technik, Rollenbilder, Schönheitsstandards ja schlichtweg die ganze Welt hat sich verändert. Deswegen herrscht oft eine große Verwirrung darüber, wie Beziehung in unserer aktuellen Gegenwart gelingen kann.

BEZIEHUNGEN IM WANDEL DER ZEIT

Viele Frauen glauben, Männer hätten verlernt, dauerhafte und glückliche Beziehungen zu führen. Es gibt einfach keine guten Männer mehr da draußen, heißt es da schnell. Im Zeitalter von Tinder und anderen Onlinedatingportalen wollen Männer ohnehin nur noch Sex, ist eine weitverbreitete Überzeugung. Um zu verstehen, ob das wirklich so ist, muss man einen Blick auf die Vergangenheit von Beziehungen werfen. Früher waren Beziehungen eher Zweckgemeinschaften. Es wurde geheiratet, um Ressourcen gemeinsam zu nutzen. Auch Sicherheitsgründe spielten eine große Rolle. Wer die Beziehungen seiner Großeltern kennt oder von seinen Urgroßeltern erzählt bekommen hat, weiß, dass häufig ganz andere Notwendigkeiten bestanden, um zusammen zu leben. Meine Oma bezog ihre erste eigene Wohnung mit meinem Opa, als sie bereits 2 Kinder hatten. Es handelte sich um ein einfaches Haus in einer Tagebauarbeitersiedlung. Es gab ein Plumpsklo, kein heißes Wasser, keine Badewanne und es lebte noch ein älterer Herr in diesem Einfamilienhaus. Selbst wenn meine Oma sich hätte trennen wollen, wohin hätte sie nach dem Zweiten Weltkrieg in der DDR gehen sollen? Du wärst verwundert, wie oft ich die Antwort „weil es notwendig war und nicht anders ging" hörte, als ich gefragt habe, was das Geheimnis der langen Ehe vieler Paare ist. Oft wollten Frauen beschützt und Männer bekocht werden, auch waren Frauen früher stärker vom Mann und seinem Einkommen abhängig. Natürlich spielten auch rechtliche Rahmenbedingungen eine wichtige Rolle. Erst im November 1995 wurde Scheidung in Irland legal. Vorher gab es rechtlich gar keine Option zur Scheidung. Stell dir das doch mal vor. Seltsam, oder? All diese Faktoren haben dafür gesorgt, dass die Scheidungsrate früher deutlich geringer war, als sie es heute ist.

Heute haben wir andere Erwartungen an unsere Beziehungen und sind schneller unzufrieden. Wenn du höhere Erwartungen hast, dann passiert es schnell, dass du unzufrieden bist, weil diese hohen Erwartungen nicht immer erfüllt werden können. Einer der Faktoren, warum Beziehungen nicht mehr so lange halten, ist die Tatsache, dass sie nicht mehr so lange halten müssen. Wenn die Liebe weg ist, trennt man sich. Liebe war früher keine Voraussetzung für Ehen. Die Ehe ist erst mal ein rechtlich bindender Vertrag. Es ist im Bürgerlichen Gesetzbuch als Teilgebiet des Familienrechts enthalten. Wenn du dir die Gesetzestexte dazu durchliest, wirst du nirgendwo das Wort Liebe finden.

DIE ERFINDUNG DER ROMANTISCHEN LIEBE

Die sogenannte romantische Liebe ist eine Erfindung der Neuzeit. Die Epoche der Romantik lässt sich vom Ende des 18. Jahrhunderts bis ins späte 19. Jahrhundert finden. Es ging in der Kunst und Literatur vor allem um das Schaurige, Unterbewusste, Fantastische, Leidenschaftliche, Individuelle, Gefühlvolle und Abenteuerliche. Es ging um Liebe gegen das bloße Nützlichkeitsdenken sowie die Industrialisierung, die damals stattfand. Die Freiheit dazu hing auch damit zusammen, dass viele Menschen durch die Industrialisierung nicht mehr gezwungen waren, sich über Landwirtschaft zu versorgen. Frauen konnten selbst Geld verdienen und ihren Lebensunterhalt sichern. Der Staat übernahm immer mehr Sozialleistungen und unterstütze Frauen, Männer und Familien in Not. Es war nicht mehr wichtig, Landbesitz zu sichern und gemeinsam auf den Feldern zu arbeiten. Es wurde aus Liebe geheiratet. Damit war früher nicht die sexuelle Leidenschaft gemeint. Die Menschen waren eher prüde. Eheleute lebten freundschaftliche Beziehungen, die Sexualität stand im Hintergrund oder wurde mit Geliebten heimlich ausgelebt. Frauen und Männern wurde empfohlen, sich mit der verpönten Körperlichkeit möglichst wenig zu belasten. Während allerdings noch immer eine gegenseitige Versorgung in der Ehe geschah, kann sich heute jeder selbst versorgen. Damit würde die Beziehung überflüssig werden. Doch an die Stelle der Notwendigkeit ist die Freiwilligkeit getreten und wer sich freiwillig bindet, kann auch freiwillig wieder auseinandergehen. Aus diesem Grund sind die Scheidungsraten deutlich gestiegen, es gibt Patchworkfamilien und ewige Singles.

Die besondere Herausforderung der heutigen Zeit ist, dass viele Menschen unrealistische Erwartungen in Bezug auf Beziehungen haben. Die Erwartungen unserer Großeltern waren geringer als heute. Ein Mann war ein guter Mann, wenn er seine Familie ernähren konnte und ein freundliches Wesen hatte. Eine Frau musste eine tüchtige Hausfrau sein und Kinder großziehen können. Diese Erwartungen bestehen heute kaum noch als einzige Parameter für eine glückliche Partnerschaft. Das klassische Rollenbild hat sich aufgelöst. Moderne Beziehungen werden geführt, weil Menschen erwarten, die Liebe zu finden. Viele Menschen erwarten von der Beziehung oder vom Partner genau das, was sie selbst nicht schaffen, nämlich Glück. Für sein Glück ist aber jeder Mensch allein verantwortlich. Das kann einem auch der beste und liebevollste Partner nicht abnehmen. Ein Partner kann vieles sein. Ein dauerhafter Glücksbringer ist er jedenfalls nicht. Ein Partner ist der Mensch, der mit uns gemeinsam an einer glücklichen Beziehung arbeitet. Wenn wir anerkennen, dass sich in Beziehungen vieles verändern wird und dass negative wie auch positive Phasen dazugehören, dann können wir realistischere Erwartungen an Beziehungen stellen, die weniger mit dem Hollywood-Klischee übereinstimmen. Wir erwarten, Alles-Mit-Einem-für-Immer.

Großartigen Sex und sexuelle Befriedigung.
Sich im Alltag auf einander verlassen können.
Voll und ganz angenommen werden.
Für die eigene Individualität geliebt werden.

Michael Mary nennt diese Vorstellung den AMEFI-Komplex. In seinem Buch „lebt die Liebe, die ihr habt" beschreibt er diesen noch umfangreicher.

Auf das Wesentliche herunter gebrochen beschreibt er, dass unsere Vorstellungen sich teilweise gegenseitig widersprechen. Um uns im Alltag gut auf jemanden verlassen zu können, müssen wir ihn gut kennen und ihm vertrauen. Auf sexueller Ebene reizt und allerdings meist das Unbekannte, das Neue, das Unvorhersehbare. Diese widersprüchlichen Wünsche angereichert um eine kindliche Vorstellung von Disney-Prinzessinen-Liebe ergeben einen toxischen Cocktail. Doch wie können wir uns aus diesem Beziehungsdilemma befreien? Ganz einfach, indem wir unser Beziehungsparadigma ändern.

Wenn Beziehungen nicht dazu da sind dich glücklich zu machen, wofür dann? Ich denke, Beziehungen sind dafür gemacht, um uns Erfahrungen zu ermöglichen, die wir alleine nicht hätten machen können. Wir lernen Dinge, die wir alleine nicht hätten lernen können. Dadurch werden wir nicht nur reifer und erfahrener, sondern auch weiser und kompetenter. Damit bekommt auch der Begriff „Lebenspartner" einen ganz neuen Inhalt, der mit der Realität übereinstimmen kann. Eine Beziehung ist die Geschichte von der gegenseitigen Reaktion aufeinander.

NEUE BEZIEHUNGSPARADIGMEN

Die Einstellung zur Beziehung hat sich auch noch auf eine andere Art geändert. Während früher ein Mann oder eine Frau, die nicht verheiratet waren, als seltsam eingeschätzt wurden, gilt es heute eher als sonderbar, wenn jemand sehr früh heiratet. Die Emanzipation der Frau und die sexuelle Aufklärung haben dafür gesorgt, dass wir einen vollkommen anderen Blick auf Beziehungen haben als früher. Frauen müssen nicht mehr unter die Haube gebracht werden, um die Familie keinen Unterhalt zu kosten. Ein Mann gilt auch dann als männlich, wenn er keinen Familienvorsitz innehat. In einer Beziehung oder in einer Ehe zu sein ist in der modernen Welt kein Gütesiegel mehr. Jedem Menschen wird freigestellt (natürlich in Rahmen von Gesetzen), welche Form von Beziehung er lebt oder ob er auf eine Beziehung ganz oder zeitweise verzichten will. Da es keinen Zwang zur Beziehung mehr gibt, ist der Mensch nicht mehr so sehr wie früher bereit, Kompromisse zu machen. Das führt dazu, dass die Erwartungen ins Unermessliche steigen und Beziehungen beendet werden, wenn erste Unzufriedenheit auftritt.

Extreme erschweren Beziehungen

Gerade weil Beziehungen in der aktuellen gesellschaftlichen Situation eine Frage der Gefühle ist, können Extreme auftauchen. Da gibt es diejenigen, die sich emotional so stark an den Partner binden wollen, dass sie allein nicht mehr lebensfähig zu sein glauben. Diese Paare erkennt man u. a. oft an gemeinsamen Social Media Profilen und daran, dass man sie nie als Einzelpersonen irgendwo trifft. Es scheint sie nur noch als Paar zu geben. Es gibt auch das andere Extrem. Das sind diejenigen, die den emotionalen Abstand wahren, um nicht in eine Abhängigkeit zu geraten. Diese Menschen lassen dann ab einem gewissen Punkt einfach nicht mehr Nähe zu. Meist geschieht das aus Angst vor Verletzungen, weil bereits schmerzhafte Erfahrungen in der Vergangenheit gemacht wurden. Extreme sind (fast) immer zerstörerisch trennend anstatt liebevoll erschaffend. In einer guten Beziehung können sich die Partner auch emotional aufeinander einlassen. Sie sind aber nicht davon abhängig, was der Partner fühlt. Gleichzeitig zeigen sie ihre Gefühle offen und lassen den Partner nicht im Dunkeln stehen. Die Gratwanderung zwischen den beiden Partnern erfordert viel Feingefühl und vor allem Übung.

Unabhängigkeit ist möglich

Heute kann ein Mensch unabhängig leben, das ist nichts Besonderes mehr. Die Zahl der Singles in unserer Gesellschaft nimmt zu. Viele entscheiden sich für offene Beziehungen oder für Affären, wenn sie gerade Lust darauf haben. Die Unabhängigkeit des Menschen hat eine neue, größere Bedeutung erhalten. Dabei steht Unabhängigkeit einer Beziehung nicht im Weg. Das Gegenteil ist der Fall. Wenn beide Partner sich freiwillig auf eine Beziehung einlassen und vom anderen nicht erwarten, dass er sie glücklich macht, dann kann Beziehung ein lebendiger Prozess sein. Sich geliebt zu fühlen ist leichter, wenn keine Zwänge zur Beziehung vorhanden sind.

Liebe ist nicht gleich Liebe

Liebe ist sehr schwer zu definieren. Schon der Versuch einer einfachen Erklärung scheitert meist daran, dass es viele verschiedene Auffassungen darüber gibt, was Liebe ist. Es scheint, als würde jeder Mensch etwas anderes unter dem Begriff Liebe verstehen. Tatsächlich gibt es verschiedene Arten von Liebe. Im Groben lassen sich drei verschiedene Formen erkennen.

1. Die selbstsüchtige Liebe:
Hier fragt man sich bei allem, was passiert, was für einen persönlich dabei herausspringen würde. Die eigenen Bedürfnisse kommen immer zuerst und damit die Frage: Was habe ich davon?

2. Die bedingte Liebe:
Ähnlich wie ein Tauschgeschäft. Du bekommst Liebe von mir im Tausch gegen Sicherheit oder gegen Sex. „Ich liebe dich, du bist meine Traumfrau, solange du gut aussiehst oder den Haushalt machst.“

3. Die bedingungslose Liebe:

Die Bedürfnisse des Partners stehen im Vordergrund. Ich gebe, ohne etwas zurückzuerwarten. In den meisten Fällen ergibt sich daraus die beste Grundvoraussetzung, um wirklich viel Liebe zurückzubekommen.

Die **selbstsüchtige Liebe** darf durchaus als Egoismus bezeichnet werden. Hier geht es nicht darum, dass man sich gegenseitiges Wohlwollen zeigt. Hier geht es eher darum, seine eigenen Bedürfnisse ganz nach vorn zu stellen und den anderen nicht so wichtig zu nehmen. Beziehungen, in denen einer der Partner selbstsüchtige Liebe lebt, funktionieren nur, wenn der andere kein Selbstwertgefühl hat und in die Opferrolle geht. Wenn beide Partner Verantwortung für sich und ihre Beziehung übernehmen, ist die selbstsüchtige Liebe keine Option. Bei dieser Konstellation handelt es sich nicht um eine Beziehung, bei der beide gewinnen können. Wer in einer selbstsüchtigen Liebe lebt, muss nicht unbedingt unglücklich sein. Vielleicht gefällt es einer Frau mit Helfersyndrom, sich vollkommen dem Wohl des Partners hinzugeben. Daran ist zuerst einmal nichts Verwerfliches. Allerdings sollten sich die Partner dessen bewusst sein.

Die **bedingte Liebe** erinnert an eine Zweckgemeinschaft. Auch das ist nicht unbedingt problematisch. Hier geht es darum, dass beide zu ihrem Recht kommen wollen. Ansprüche werden erfüllt, wenn beide in den gleichen Genuss kommen. Die bedingte Liebe mag ein wenig nüchtern scheinen, doch sie kann durchaus Verlässlichkeit und Stabilität bieten.

Die **bedingungslose Liebe** ist ein modernes Ideal. Beide Partner haben die Bedürfnisse des anderen fest im Blick und arbeiten aktiv daran, dass der andere seine Bedürfnisse erfüllt bekommt. Das ist natürlich nicht immer möglich. Dennoch ist es die grundlegende Dynamik.

Deshalb pflegen die meisten Partner eine Beziehung, in der alle drei Arten der Liebe in unterschiedlicher Ausprägung gelebt werden. Ganz wichtig ist, dass sich beide darüber bewusst sind, welche Art der Liebe sie miteinander leben. Das Bewusstsein entscheidet darüber, ob es freiwillig oder nur aus einer Prägung oder Konditionierung heraus geschieht. Wenn beide zur bedingungslosen Liebe fähig sind, ist sie das Modell, bei dem beide am meisten Gewinn machen können. Deshalb sollte die bedingungslose Liebe immer ein Ziel in der Beziehung sein, auch wenn sie nicht immer gelingt.

Deine Vorstellung von einer Partnerschaft

Viele Frauen sagen von sich selbst, dass sie sich einen Partner wünschen. Doch nach genauem Hinsehen entpuppt sich diese Aussage oft als bloße Theorie. Mit dem Wunsch nach einem Partner ist auch verknüpft, als Partnerin zu leben. Jeder, der in eine Beziehung zu einem anderen Menschen tritt, muss seine Singlevorteile aufgeben, was bedeutet, dass er einiges in seinem Leben verändern muss. Bist du bereit, dich der Idee deiner Beziehung zu verpflichten? Sicher erinnerst du dich noch an die Übung zu deinem perfekten Tag. Du hast trainiert, dir und deinen Vorstellungen treu zu bleiben. Dein Traummann ist ein perfekter Partner. Hast du klare Vorstellungen von ihm? Wie sollte er aussehen? Wie sollte sein Wesen sein? Welche Bedingungen im Alltag sollten gegeben oder eben nicht gegeben sein?

Du kennst dich selbst und weißt wahrscheinlich bereits, welcher Typ Mann für dich eher ungeeignet ist. Dann bleibe deiner Idee treu und triff dich nicht mit Männern, die für eine Beziehung nicht infrage kommen. Du verschwendest damit nur Zeit und Energie. Im zweiten Schritt solltest du damit beginnen, die richtige Frau für deinen Traummann zu werden. Denn dein Traummann hat ebenso Vorstellungen und Erwartungen wie du selbst. Wie du bereits weißt, bist du keine Prinzessin, die gerettet wird bzw. gerettet werden muss. Für deinen Traummann bist du seine Mitspielerin im großen Abenteuer Beziehung. Deshalb wird er genau spüren, wer zu seinem Typ passt. Frage dich, wie die Traumfrau für deinen Traummann sein soll, damit ihr beide miteinander glücklich sein können.

AUFGABE:

Führe die folgende Übung durch. Arbeite dabei gewissenhaft wie bei deiner letzten Übung auch. Gerade die Übungen dienen dazu, dass sich neue Überzeugungen in dir festigen. Frage dich, wo du in deinem Leben Dinge tust, die du nicht mehr tun würdest, wenn du deinen perfekten Partner hättest, und fange jetzt schon an, diese Dinge nicht mehr zu machen. Das ist wichtig, denn du musst zuerst die Frau werden, die du in deiner Traumbeziehung wärst, bevor du deinen Partner finden kannst. Viele Frauen sagen, wenn sie einen Partner hätten, würden sie regelmäßig ausgehen, statt nur vor dem Fernseher zu sitzen. Beginne schon heute damit. Auf der Couch wirst du deinen Partner nicht finden können, das ist dir bereits klar. Manche Frauen nehmen sich vor, weniger zu arbeiten, wenn sie einen Partner hätten. Dann arbeite weniger. Denn die Zeit, du die du dadurch gewinnst, brauchst du, um dich auf deinen Partner vorzubereiten. Stell dir einfach vor, du bist bereits in einer Beziehung. Der Partner ist nur einfach noch nicht nah genug. Je mehr du zu der Frau wirst, die dein Traummann sucht, umso schneller werdet ihr beide euch finden.

DIE FÜNF FAKTOREN EINER GUTEN PARTNERSCHAFT

Unterschiede ziehen sich an – so heißt es zumindest im Volksmund. Diese Überzeugung wird unterstützt durch die Evolutionstheorien und Beziehungsforschung. Früher garantierten Unterschiede im Genpool zweier Partner, dass die Nachfahren besonders gute Überlebenschancen hatten. Heute ist das zwar immer noch wichtig aber nicht mehr der einzige Faktor. Unsere Beziehungen sind sowohl kulturell als auch natürlich geprägt. Wir treffen aufgrund vieler Komponenten eine Entscheidung für oder gegen eine Beziehung zu einem Menschen. Meist sind die Faktoren emotionaler Natur. Wir entscheiden aus dem Bauch heraus. Es ist aber genauso wichtig, dass wir uns „die harten Fakten“ anschauen, um herauszufinden, ob wir wirklich zusammenpassen. Die rein genetische Anziehung ist oftmals nicht von ewiger Dauer. Da sie in erster Linie dem natürlichen Überleben der Art dient, ist sie häufig vorüber, wenn dieser Zweck erfüllt wurde. Um eine stabile und dauerhafte Beziehung aufzubauen, sind andere Faktoren bedeutsam. Das sind zum Beispiel

Faktoren wie Job und Karriere, Vorlieben und Ansichten, physische Gesundheit, emotionale Gesundheit oder soziale Fähigkeiten. Unterschiede sorgen oftmals für die initiale Anziehung und den besonderen Reiz, doch auf lange Sicht halten uns Gemeinsamkeiten zusammen. Es ist wichtig, einen gesunden Mix aus beidem zu haben. Nur wenn beide Seiten bedient werden, können wir uns erst verlieben und die berühmten Schmetterlinge im Bauch fühlen, um nach dieser ersten Phase eine Beziehung aufzubauen. Wir brauchen also sowohl Unterschiede, die es spannend machen als auch Gemeinsamkeiten, die die Beziehung stabil sein lassen.

Die fünf Faktoren einer guten Partnerschaft sind individuell gewichtet. Welche Prioritäten gesetzt werden, entscheidet jeder für sich selbst. Du solltest dir aber im Klaren darüber sein, welche Schwerpunkte du legst. Während dem einen die körperliche Gesundheit und Fitness besonders wichtig sind, ist ein anderer mehr an den sozialen Fähigkeiten des Partners interessiert. Das hängt immer auch davon ab, welche persönlichen Prioritäten jemand für sein eigenes Leben setzt. Alle Faktoren haben damit zu tun, wie das Leben gestaltet wird. Und da ein Paar sein Leben miteinander gestalten will, sollten nicht zu starke Diskrepanzen in der Lebensführung und den Überzeugungen bestehen.

AUFGABE:

Vielleicht lernst du erst die einzelnen Faktoren in deinem eigenen Leben kennen. Nimm dir Stift und Papier und teile das Blatt in drei Spalten ein. Beschreibe dich in der ersten Spalte unter den folgenden Gesichtspunkten:

Körperliche Gesundheit
Soziale Fähigkeiten
Job und Karriere
Psychische/emotionale Gesundheit
Vorlieben und Ansichten

Wie sieht dein Leben in den einzelnen Bereichen aus? Beschreibe dich ehrlich und beschönige nichts. Es nützt dir wenig, wenn dein Traummann ein anderes Bild von dir bekommt als die Realität. Der Schwindel würde irgendwann auffliegen und der tolle Typ würde weiterziehen. Wenn du mit deiner Selbstbeschreibung fertig bist, hast du den Istzustand beschrieben.

Notiere dir daneben, in der zweiten Spalte, deinen Sollzustand. Wie bereits weiter vorne beschrieben, siehst du jetzt, welche Teilziele du dir setzen kannst, um die Traumfrau zu werden, die du deinem Traummann vorstellen möchtest. Was kannst du tun, um deine Ziele zu erreichen?

In die dritte Spalte schreibst du, wie dein Traummann bei den betreffenden Faktoren sein soll. Wenn zwischen dir und deinem Traummann sehr starke Unterschiede bestehen, solltest du entweder deine eigene Lebensführung überprüfen oder die Parameter, die dein Traummann deiner Meinung nach aufweisen sollte.

Faultier oder Marathonläufer: Körperliche Gesundheit ist entscheidend.

Menschen werden heute später alt als früher und erwarten länger von sich, körperlich gesund und fit zu sein. In einer Partnerschaft geht es nicht mehr nur um die gemeinsame Alltagsbewältigung, sondern auch um gemeinsame Freizeitgestaltung. Es ist auf Dauer nicht schön, wenn ein Extremsportler und Marathonläufer mit einer Couch-Potato zusammenlebt. Beide werden sich gegenseitig irgendwann nerven und die Möglichkeiten der gemeinsamen Freizeitgestaltung sind sehr begrenzt.

Es ist wichtig, sich über diesen Punkt Gedanken zu machen: Stell dir vor, du wünschst dir einen Mann, der sportlich, muskulös und durchtrainiert ist, aber du selbst gehst ungefähr einmal im Monat schwimmen. Daraus ergeben sich Diskrepanzen, denn während er vielleicht fünfmal die Woche ins Fitnesscenter geht und nur Pute und Hähnchen zum Abendessen isst, liegst du lieber auf der Couch und futterst Pommes. Euer Lebensstil unterscheidet sich zu sehr und es gibt wenige Überschneidungspunkte. Am Anfang kann dieser Unterschied spannend sein, er kann aber auf Dauer auch zu Problemen führen. Es ist wichtig, zu schauen: Wie ist seine Einstellung zu Sport und Ernährung?

Wie sieht es aus mit Drogen, Alkohol, Rauchen?

Anfangs wirkt meist noch die rosarote Brille der ersten Verliebtheit. Partner, die frisch verliebt sind, sehen über vieles hinweg. Viele Frauen denken außerdem, dass sie den Partner schon noch ändern können, wenn sie nur erst lange genug zusammen sind. Doch das ist ein Irrtum. Sehr unterschiedliche Lebensstile führen zu Unzufriedenheit. Irgendwann gibt es mehr böse Worte, als eine Beziehung vertragen kann. Dieses Risiko kann jede Frau schon zu Beginn ausschalten, indem sie ganz genau hinschaut. Hier gilt die alte Weisheit: Lieber ein Ende mit Schrecken als ein Schrecken ohne Ende. Was nicht passt, das passt nicht. Menschen lassen sich nicht verbiegen. Aus diesem Grund sollte gerade am Anfang der Blick geschärft sein. Wie schwer das ist, weiß jede Frau. Umso wichtiger ist, dass sie sich diesen Umstand stets vor Augen führt. Hilfreich kann übrigens auch sein, die Parameter für den Traummann gut sichtbar in der Wohnung aufzuhängen (und selbstverständlich abzunehmen, bevor er zum ersten Mal Gast bei dir ist). So prägen sich die wichtigen Bedingungen ein und geraten nicht so schnell ins Hintertreffen. Es mag sein, dass du als absolute Schlaftablette einen dynamischen, agilen Mann unglaublich attraktiv findest. Das ist er auch. Aber eben nicht für dich, wenn du lieber deine Freizeit gemütlich und bewegungslos mit einem Buch verbringst. Die Liebe und Vertrautheit, die im Laufe einer neuen Beziehung langsam entstehen muss, hat kaum eine Chance, wenn die Unterschiede zu groß sind.

Es gibt allerdings auch immer die Möglichkeit, sich gemeinsam weiterzuentwickeln. Hier liegt die Betonung aber auf der gemeinsamen Entwicklung. Es sollte niemals ein Partner dazu gezwungen werden, sich in die Richtung des anderen zu entwickeln. Anfängliche Flexibilität, die zu stark strapaziert wird, kann schnell zu einem echten Konfliktherd werden.

Alphatier oder lieber Schattenpflanze: Auf soziale Kompetenzen kommt es an.

Soziale Fähigkeiten sind wichtig. Wir leben in einer Zeit, in der sich die sozialen Strukturen wandeln. Familienbilder verändern sich und digitale Medien scheinen die echten Begegnungen zu ersetzen. Gerade deswegen gewinnen die sozialen Aspekte immer mehr an Bedeutung. Wenn ein Partner der Partylöwe ist, während der andere sich ungern mit anderen Menschen in einem Raum aufhält, kann das zu Problemen führen. Ebenso problematisch ist es, wenn ein Partner gern flirtet und sich Anerkennung im Umfeld sucht, während der andere eher schüchtern und Kontakten zu Dritten gegenüber eher abgeneigt ist. Sozial heißt, „auf die Gemeinschaft bezogen". Und diese Gemeinschaft ist der Kontext, in dem die Beziehung geführt wird. Welche Grenzen das Paar gemeinsam setzt und wie offen die einzelnen Partner mit Außenstehenden umgehen, ist ein wichtiger Faktor in einer Beziehung. Aber auch die Frage, ob ihr beide euch in den gleichen Kreisen wohlfühlt, spielt eine große Rolle. Wenn du dich gelangweilt unter seine Fußballkumpels mischt und er bei deinem Kammerkonzertabend mit Freunden laut schnarcht, dann werdet ihr wenig Freude an gemeinsamen Unternehmungen haben. Auf Dauer wird euch eure Beziehung entweder belasten oder ihr werdet euch gegenseitig Vorwürfe machen. Damit das nicht passiert, ist auch hier bereits im Vorfeld wichtig, dass du deine Augen weit öffnest und dich nicht blenden lässt. Natürlich kann der Partner durch einen selbst auch an neue Interessen herangeführt werden. Das sollte allerdings freiwillig entstehen und nicht von Anfang an der Plan in der Beziehung sein. Es ergibt natürlich wenig Sinn, wenn du dir das Ziel setzt: „Wenn wir erst mal zusammen sind, wird er schon aufhören jedes Wochenende mit seinen Freunden ins Stadion zu fahren und stattdessen lieber mit mir zum nächsten Kammerkonzert zu gehen".

AUFGABE:

Wir sprechen über den zweiten Faktor: Beziehungen und soziale Fähigkeiten. Stell dir die folgenden Fragen, wenn du einen Mann triffst, den du interessant findest.

Hat er oberflächliche Beziehungen zu vielen Leuten oder einige wenige gute Freunde?

Hat er ein gutes Verhältnis zu seiner Familie?
In welchen sozialen Kreisen bewegt er sich?
Welche Prioritäten setzt er bei seinen Kontakten?
Bewegt er sich gern und souverän in großen Menschenmengen oder ist er lieber zu zweit unterwegs.
Gibt es Rituale mit Freunden und Verwandten, die er auch in einer Beziehung fortsetzen will?

Vielleicht ist er ein eher introvertierter Mann, der gerne Zeit alleine verbringt und du eine extrovertierte Frau, die es liebt, unter Menschen zu sein. Das kann zu Problemen führen aber auch dazu, dass man sich ergänzt und dem Partner eine neue „Welt" offenbart. Ob solche Unterschiede Probleme oder Chancen sind, hängt ganz stark davon ab, was er will, was du willst und was ihr gemeinsam wollt.

Die folgenden Beispiele können dir noch einmal deutlich vor Augen führen, warum die sozialen Umgangsformen und Gewohnheiten deines zukünftigen Partners so wichtig für das Gelingen einer Beziehung sind.

Monika ist eine Psychologin mit eigener Praxis. Sie war immer viel auf Kongressen unterwegs. Zuletzt hatte sie sich in einen Mann verguckt, der drogenabhängig war. Das hat natürlich zu Problemen geführt, weil sie ihn zum Beispiel nicht auf ihre Events und Kongresse mitnehmen konnte. Er hat sich einfach in komplett anderen sozialen Kreisen bewegt. Wenn sie allein unterwegs war, fehlte er ihr und sie machte sich Sorgen um ihn. Wenn sie seinetwegen zu Hause blieb, hatte er Schuldgefühle und sie war unzufrieden. Sie haben sich getrennt, weil die Situation für beide zu anstrengend war.

Ein anderes Beispiel ist Andrea. Sie ist eher schüchtern und introvertiert. Max hingegen ist extrovertiert, gern auf Partys und er kann Witze am laufenden Band erzählen. Er sonnt sich in der Anerkennung, die er von seiner Umwelt erfährt. Andrea findet das oberflächlich und wünscht sich mehr Zeit zu zweit. Doch kaum nehmen sie sich vor auszugehen, hat Max schon einen Kumpel und seine Freundin mit eingeladen. Beide kommen hier nicht zu ihrem Recht und können daher kaum eine stabile Beziehung aufbauen.

Sich über diese Dinge Gedanken zu machen ist sinnvoll, denn durch die Fragen lernst du dich selbst besser kennen und verstehst, was du dir wünschst und was du suchst.

KARRIERETYP ODER HAUSMANN: BERUF, AUFSTIEG UND GELD

In der heutigen Zeit sind der Beruf und der Arbeitsplatz sehr wichtige Faktoren für eine Beziehung. Das liegt einerseits daran, dass meist beide berufstätig sind. Als der Mann in einer Familie allein gearbeitet hat, konnte die Frau sich ganz auf ihn einstellen. Inzwischen kämpfen Paare mit Schichtarbeit, Wechseldiensten und Gleitzeit. Auch Überstunden und Wochenendarbeit gehören für viele Beziehungen zu den objektiven und unveränderlichen Bedingungen. Auf der anderen Seite kann es aber auch belastend sein, wenn einer der beiden Partner seinen Job nicht mag oder sich über- oder unterfordert fühlt. Die meisten Menschen nehmen etwas vom Arbeitsplatz mit nach Hause. Ergibt ja auch Sinn, immerhin verbringen wir im Durchschnitt knapp 30 % unserer Zeit als Erwachsener auf der Arbeit.

AUFGABE:

Stell dir die folgenden Fragen und beantworte sie, ohne dir die Realitäten schönzureden.

Hat er einen Job?
Wenn nicht, ist das für dich in Ordnung?
Wie viel arbeitet er?
Wie viel verdient er?
Ist er von dir finanziell abhängig, wenn ihr eine Beziehung aufbaut?
Bist du von ihm finanziell abhängig, wenn du eine Beziehung mit ihm aufbaust?
Welche Pläne hat er beruflich?
Welche Pläne hast du beruflich?
Passen die beiden Lebensvorstellungen zusammen?

Inzwischen gehört auch die Frage nach dem Bildungsstand zu einer guten Vorbereitung auf eine Beziehung. Wenn einer von euch beiden dauerhaft geistig unterfordert ist, ist das eine anstrengende Angelegenheit. Wer sich langweilt, kann schnell die Lust an der Beziehung verlieren. Das ist vor allem der Fall, sobald die erste Verliebtheitsphase vorüber ist und ihr hin und wieder das Schlafzimmer verlasst, um zu reden.

Beruf und Karriere sind wichtige Faktoren und du musst verstehen, dass nicht eine Sache besser ist als die andere. Es sind nur verschiedene Dynamiken und du musst dir Gedanken darum machen, welche Dynamik du dir wünschst und welche Dynamik deinen Vorstellungen entspricht.

Es ist etwas anderes, ob er mehr verdient als du, du mehr als er oder ihr ungefähr gleich viel. Wenn du zu den Frauen gehörst, die wirtschaftlich sehr stabil im Leben stehen, solltest du auch abklären, ob dein zukünftiges Herzblatt Probleme damit hat, wenn seine Frau erfolgreicher ist als er. Versuche herauszufinden, wie es in seinen Vorbeziehungen war. Ein Mann, der immer die Spendierhosen anhaben konnte, wird sich schwer damit tun, dieses Privileg an eine Frau abtreten zu müssen. Viele Männer sehen Geld als ein Symbol für Männlichkeit und Potenz. Nicht jeder Mann kann verkraften, dass auch seine Frau potent ist oder vielleicht sogar potenter als er. Es könnte sogar sein, dass er dich nach einer Weile unattraktiv findet, weil er sich dir unterlegen fühlt. Mach dir nichts vor. Die Einstellung zum Geld ist ganz wesentlich für das Verständnis zwischen zwei Personen. Deshalb solltest du hier besonders achtsam sein. Geld spielt keine Rolle? So naiv ist heute zum Glück kaum eine Frau mehr. Geld ist repräsentativen Umfragen nach der häufigste Streitpunkt in Partnerschaften. Für dich gilt, jede Möglichkeit ist richtig. Wenn dein Traummann dir gleich seine goldene Partnerkreditkarte anbietet, ist das okay. Wenn er dich gerade Mal zu einer halben Cola einladen kann, ist das auch in Ordnung. Wichtig ist nur, dass du mit dir selbst klärst, wie du es willst und was für dich bzw. euch gut ist.

Heile Seele oder voller Marotten: Auch die Gefühlslage sollte gesund sein.

Inzwischen sind seelische Störungen und Erkrankungen kein Tabuthema mehr in unserer Gesellschaft. Prominente outen sich mit Depressionen und die Medien berichten freizügig und offen darüber, dass auch die menschliche Seele erkranken kann. Allerdings bedeutet das nicht, dass jede Frau in der Lage ist, einen seelisch kranken oder gestörten Menschen um sich haben zu können. Wenn du zu den Frauen gehörst, die kategorisch fordern, dass der Partner gesund sein soll, dann ist das dein gutes Recht. Lass dir von niemandem etwas anderes erzählen. Selbstverständlich begegnest du jedem Menschen mit Respekt und Wertschätzung. Aber du musst nicht jeden gleich lieben und heiraten schon gar nicht. Seelische Störungen in der Umgebung können ungemein anstrengend sein. Aber auch kleine Macken, die in der Persönlichkeit begründet liegen, können nicht von jedem akzeptiert werden.

Dazu gehört übertriebene Eifersucht. Ist er eher stärker oder eher weniger eifersüchtig? Wie viel Eifersucht wünschst du dir in deiner Beziehung? Möchtest du eher Freiheit oder ist dir ein bisschen Eifersucht wichtig, um zu spüren, dass dein Partner dich auch wirklich liebt? Wie eifersüchtig bist du? Passt ihr auf dieser Ebene zusammen?

Auch die Frage nach der Ehrlichkeit ist von großer Bedeutung. Kommuniziert er offen und ehrlich bzw. wie kommuniziert er überhaupt? Kannst du mit ihm über Probleme reden oder endet jedes Gespräch in einer Diskussion? Verschweigt er dir Dinge, von denen er denkt, sie gingen dich nichts an? Leidet er unter Impulsivität oder ist er in der Lage, sich selbst im Griff zu halten? Musst du Wut- oder Gewaltausbrüche fürchten? Wenn du diese Frage mit Ja beantwortest, dann mach dir klar, dass du ihn nicht ändern wirst. Wenn du nicht bereit bist, seine Ausbrüche zu ertragen oder dich ständig vor ihm auf der Hut zu befinden, dann lass die Finger von ihm. Menschen, die mit ihren Aggressionen nicht umgehen können, brauchen fachliche Hilfe. Oftmals können sie erst eine Beziehung eingehen, wenn eine

Therapie erfolgreich abgeschlossen ist.

Ist dein Traummann egoistisch? Ist er auf gesunde Art egoistisch oder neigt er schon zur Selbstsucht und zur Selbstverliebtheit? Die sogenannten narzisstischen Störungen werden immer häufiger festgestellt. Ein Leben mit einem solchen Menschen ist sehr anstrengend und du wirst immer wieder merken, dass er deine Bedürfnisse nicht respektiert. Kann und will er die Verantwortung für sich selbst tragen? Kann er das, was du im zweiten Kapitel für dich erarbeitet hast? Wie führt er Beziehungen? Das kannst du daran sehen, ob und wie er Freundschaften oder die Beziehung zu seinen Eltern pflegt. Bei seiner Mutter hat er Beziehung gelernt. Seine Einstellung zur Mutter kann Aufschluss darüber geben, welche Haltung er dir gegenüber einnimmt.

Gleiche oder unterschiedliche Interessen: Vorlieben und Ansichten spielen eine Rolle.

Eure Interessen im Leben sind ebenfalls ein Faktor, den du in deine Überlegungen mit einbeziehen kannst. Eure gemeinsamen Freizeitaktivitäten werden durch eure Interessen geprägt Ist er veganer, lyrisch interessiert, DJ, Surfer, politisch aktiv, Kleingärtner oder schraubt er am liebsten jede freie Minute an seinem Auto rum? All diese unterschiedlichen Interessen bringen viele Implikationen mit sich. Mit einem veganer werden regelmäßige Besuche im Steakhaus schwierig… wenn deine Familie Metzger sind, wird es auf jeder Familienfeier Debatten geben. Das muss nicht schlimm sein, man sollte sich dessen allerdings bewusst sein. Meine Freundin ist bspw. Tänzerin und möchte gerne oft mit mir in die Disco. Ich persönlich hab dazu allerdings keine all zu große Lust, da mir das meist zu stressig ist. Das stellt unsere Beziehung vor Herausforderungen, die es zu lösen gilt. Natürlich ist das jetzt kein Weltuntergang - allerdings können genug kleine Herausforderungen auch sehr schnell zu einer großen werden.

Wenn die Interessen zu unterschiedlich sind, entsteht dadurch zwar viel gegenseitige Inspiration aber eben auch viel

Reibung. Manchen Menschen ist es wichtig, in der Partnerschaft stark zu wachsen, anderen ist es wichtig viele Gemeinsamkeiten zu haben. Das eine ist nicht besser als das andere. Es kommt am Ende des Tages immer auf deine persönlichen Vorlieben an. Wo liegen also deine persönlichen Interessen? Was macht dir viel Spaß? Welche Vorlieben hast du? Welche Dinge gehen für dich überhaupt nicht? Bist du religiös? Soll/darf er religiös sein? Isst er Fleisch? Womit verbringt er seine Freizeit am liebsten? Welche Interessen möchtest du gerne mit ihm teilen und welchen möchtest du eher alleine nachgehen?

Du siehst also es gibt viele spannende Fragen zu stellen und Antworten zu entdecken. Je besser du dich und deine Bedürfnisse dabei kennenlernst, desto größer wird dein Selbstbewusstsein sein. Das macht natürlich attraktiv. Studien haben gezeigt, dass gutes Aussehen durchaus wichtig ist – besonders, wenn man jemandem gefallen will, den man noch nicht kennt. Immerhin ist das, was der Mann sehen kann, die einzige Information, die er hat, bevor er mit dir spricht und dich kennenlernt. Das Aussehen ist allerdings deutlich weniger wichtig als andere Faktoren, wenn man bereits sozial interagiert ist. Kurz gesagt: Deine Persönlichkeit ist insgesamt deutlich wichtiger als dein Aussehen. Was macht nachhaltige Anziehung also aus?

WIE DU NAHEZU MAGNETISCH DEINEN TRAUMMANN ANZIEHEN WIRST

Anziehungskraft ist eine wichtige Bedingung dafür, dass dein Traumprinz sich ausreichend Zeit nimmt, dich zu erkennen. Er weiß zwar tief ins sich, dass es dich irgendwo gibt, doch er muss auch die Möglichkeit haben, auf dich aufmerksam zu werden. Menschen, die eine positive Ausstrahlung besitzen, werden stärker beachtet als diejenigen, die wie graue Mäuschen in einer Ecke stehen. Dabei spielt eine große Rolle, dass die Ausstrahlung nicht nur deutlich ist, sondern auch positiv. Es gibt nämlich auch Menschen, die mit ihrer negativen Ausstrahlung dafür sorgen, dass ihnen alle aus dem Weg gehen wollen. Eine positive Ausstrahlung wird allgemein charismatisch oder anziehend bezeichnet. Anziehung und Charisma sind lernbar und können trainiert werden. Selbst wenn du zu den Menschen gehörst, die sich eher zurückhalten, kannst du einige Veränderungen, an deiner Art der Welt zu begegnen, vornehmen, damit du nicht übersehen wirst. Du wirst überrascht sein, wie viel positiver deine Umwelt plötzlich auf dich reagiert.

Manche Menschen haben bereits im Elternhaus ein gewinnendes Wesen entwickelt, andere brauchen als Erwachsene ein wenig Übung, um andere Menschen von sich zu begeistern. Oft sind es kleine Gesten und fast unscheinbare Details, die dafür sorgen, dass andere Menschen begeistert von dir sind. Wie du deine Anziehungskraft verstärkst und eine charismatische Ausstrahlung aufbauen kannst, werden wir uns in diesem Kapitel anschauen, sodass du dich sofort ans Werk machen kannst.

CHARISMA: WAS DAS IST UND WARUM ES SO WICHTIG IST

Charisma und Anziehungskraft sind wichtig, um begehrenswert und attraktiv wahrgenommen zu werden. Eine charismatische Persönlichkeit ist anziehend, weil sie authentisch wirkt und ihre charakterlichen Stärken auslebt, ohne sich zu verstellen, oder hinter einer Maske zu verstecken. Eine Frau, die einen Mann anzieht, hat es leichter, ihn für sich zu interessieren und die ersten Schritte zu einem bereichernden Kontakt zu gehen.

Wenn jemand über eine andere Person sagt, sie sei charismatisch, ist das in der Regel positiv gemeint. Charismatische Menschen werden als ehrlich oder besser gesagt authentisch bezeichnet. Da Ehrlichkeit ein hochgeschätzter Wert ist, sind Menschen, die authentisch und charismatisch wirken, beliebt und werden für seriös gehalten. Das ist ein guter Anfang für die ersten Schritte in einen intensiven Kontakt und vielleicht eine feste Beziehung. Wenn jemand von Anfang an das Gefühl hat, du seist unehrlich ist das natürlich nicht unbedingt förderlich. Außerdem hilft eine positive Ausstrahlung dabei, andere Menschen längerfristig zu interessieren. Wer mit Charme und Witz einen tollen Abend gestaltet hat, gehört zu denen, die immer wieder getroffen und erlebt werden wollen. Wenn du einen Mann getroffen hast, der mit dir lachen konnte und Spaß mit dir hatte, ist die Wahrscheinlichkeit größer, dass er dieses schöne Erlebnis wiederholen will.

Charisma zieht an

Die Anwesenheit charismatischer Menschen wird als angenehm empfunden. Auf dem Weg zum Mann deiner Träume sollte deine Anwesenheit selbstverständlich als angenehm empfunden werden. Wenn Mr. Right dich bemerkt hat und gern in deiner Nähe ist, ist bereits ein wichtiger Schritt getan. Charismatische Menschen sind gut darin, anderen ein gutes Gefühl zu geben, sie in ihrer Meinung zu bestärken und Spaß zu verbreiten. Deswegen hat sie jeder gerne in ihrer Umgebung. Dein Traumprinz wird am Anfang eures Kennenlernens nur bemerken, dass es ihm in deiner Nähe gut geht. Das könnte und sollte ihn dazu bewegen, deine Nähe häufiger zu suchen und euren Kontakt zu intensivieren.

Du erreichst eine positive Stimmung dir gegenüber, indem du dich offen zeigst und vor allem eine gute Zuhörerin bist. So kannst du dafür sorgen, dass andere Menschen das Gespräch mit dir suchen und sich an dich wenden, wenn sie Kontakt wünschen. Außerdem werden sie neugierig auf dich. Eine gute Zuhörerin zu sein bedeutet übrigens nicht, dass er 90 % der Zeit reden muss. Es geht viel mehr darum, aktiv zuzuhören, wenn er etwas sagt und ihn in seinem Weltbild bestmöglich verstehen zu lernen. Wenn du verstehst, wie er die Welt siehst, wirst du ihn auf eine Weise verstehen können die über Worte hinausgeht. Du wirst dazu in der Lage sein, eine Verbindung zu ihm aufzubauen, die tiefer geht als Worte jemals beschreiben könnten.

Unter denen, die dich gern näher kennenlernen möchten, kann dein Traummann sein, ohne dass du es auf Anhieb bemerkst. Auch an den Orten, an denen du dich aufhältst, um deinen Traummann zu finden, kannst du dein Charisma versprühen. Dadurch versüßt du dir nicht nur den Tag, sondern erhöhst deine Chancen auf Mr. Right zu treffen immens. Wer Anschluss sucht, wird sich immer zuerst an Menschen wenden, die über eine hohe Anziehungskraft verfügen. Stell dir zum Beispiel vor, du sitzt in einem Café und alle Tische sind von Paaren oder Singles besetzt. Dein zukünftiger Partner kommt herein und schaut sich nach einem Platz um. Er wird sich zu der Person setzen, die die größte Offenheit und Anziehungskraft ausstrahlt. Dabei geht es weniger um die bewusste Wahrnehmung als um das unbewusste Spüren deiner Attraktivität / Offenheit. Oft können Männer nicht in Worte fassen, was sie zu einer Frau hinzieht, dies ist auch gar nicht nötig. Es reicht, wenn er es spürt.

CHARISMA WIRKT ERFOLGREICH

Meist nimmt man charismatische Menschen als erfolgreicher und kompetenter wahr. Sie wirken authentisch und damit auch selbstbewusst. Sie strahlen Sicherheit und Ruhe aus, was anziehend wirkt. Wenn du bei einem zufälligen oder geplanten Date als kompetent wahrgenommen wirst, weckst du eher Interesse. Damit meine ich nicht deine Fachkompetenz als Ingenieurin in

Luft- und Raumfahrttechnik. Ich meine deine Kompetenz dein eigenes Leben nachhaltig glücklich, erfolgreich, gesund und liebevoll zu führen. Wenn er spürt, dass du dein Leben intelligent lebst, wird dich das sehr viel attraktiver machen. Außerdem kannst du die Aufmerksamkeit deines Gesprächspartners fesseln, wenn du weißt, wovon du sprichst. Auf diese Art erzeugst du mit deinem Charisma eine Spannung, der die wenigsten Männer widerstehen können oder wollen.

Charisma hilft dir bei vielen Gelegenheiten weiter, nicht nur bei der Partnersuche. Die Einflussträger dieser Gesellschaft sind Menschen mit guten Sozialfähigkeiten, weil sie in der Lage sind, Menschen zusammenzubringen. Du hast also nicht nur Vorteile im Liebesleben, sondern auch in anderen Bereichen. Die sogenannten Soft Skills, also die „weichen Werkzeuge", sind Fähigkeiten, die charismatischen Menschen zu eigen sind. Dazu gehören das Zuhören, das Kommunizieren, das Mitgefühl und viele weitere soziale Fähigkeiten. Sie sind im Berufsleben gefordert und sorgen in deinem Freundeskreis dafür, dass du Anerkennung und Beachtung findest. Wer charismatisch ist, klettert leichter die Karriereleiter hinauf.

Die Bedeutung von Charisma liegt also in allen Lebensbereichen, nicht nur in der Partnersuche.

Entwickle deine ureigene Anziehungskraft

Menschen mit einer starken Anziehungskraft fallen auf und gewinnen meist auf Anhieb Sympathien. Um den Mann deiner Träume auf dich aufmerksam zu machen, brauchst du Anziehungskraft. Wenn du zu wenig Ausstrahlung besitzt, läufst du Gefahr, übersehen zu werden. Dabei könntest du die perfekte Frau für deinen Traummann sein, doch wenn er dich nicht wahrnehmen kann, bleibt der Traum von einer glücklichen Beziehung eine bloße Theorie. Menschen reagieren recht ähnlich auf Mimik und Gestik ihrer Mitmenschen. Das kannst du dir zunutze machen, um deine Anziehung zu verstärken.

Anziehungskraft ist keine Frage des Geschmacks, der Sympathie oder des Bekanntheitsgrads. Auch ein Fremder kann anziehend wirken. Wenn du einmal durch eine Fußgängerzone gehst oder in einem Café sitzt, werden dir Menschen begegnen, die du auf Anhieb anziehend findest. Andere dagegen werden dir gar nicht auffallen. Viele Prominente leben davon, dass sie eine große Anziehungskraft besitzen. Manche Menschen sind sogenannte Sympathieträger, denen es gelingt, viele auf den ersten Blick für sich zu begeistern. Wie kann es dir nun gelingen, auf andere Menschen anziehend zu wirken?

Entscheide dich, charismatisch zu sein

Wenn du dich bisher für weniger charismatisch gehalten hast, kannst du eine ganze Menge dafür tun, zukünftig mit mehr Charisma auf andere Menschen zuzugehen. Ein echtes Charisma ist nicht aufgesetzt wie eine Maske. Charismatisch sein bedeutet nicht, eine Rolle zu spielen. Es geht vielmehr darum, dein Wesen zu betonen und zu unterstreichen. So fällt es anderen Menschen leichter, deine guten Seiten zu erkennen. Selbst die Ecken und Kanten deiner Persönlichkeit werden besser akzeptiert, wenn du ein aufrichtiges Charisma entwickelst. Menschen verzeihen eher eine Schwäche als unehrliches Verhalten. Das liegt daran, dass wir mit Schwächen (sofern sie die Person aufrichtig ist) sympathisieren können allerdings wird niemand von uns gerne belogen. Langfristig passen du und dein Traumpartner zusammen, wenn ihr beide euch gerade wegen eurer Charaktere sympathisch seid und lieben könnt. Du musst dich also nicht verstecken, denn spätestens, wenn ihr beide eine feste Beziehung aufbauen wollt, würde der Schwindel auffliegen.

Willst du auf andere charismatisch wirken, hilft es, wenn du mit dir selbst im Reinen bist. Jeder Mensch hat Seiten an sich selbst und Faktoren im Leben, die ihn stören. Die Frage ist nicht, ob wir diese Dinge haben, sondern wie wir damit umgehen. Lässt du dich selbst davon runterziehen und bist ständig deprimiert, oder nimmst du die Herausforderungen des Lebens an und siehst darin Chancen dich weiterzuentwickeln? Ruhe dich nicht auf dem Gedanken aus, dass mit einem neuen Mann alles besser wird. Was du in deinem Leben verändern willst, musst du schon selbst anpacken. Der beste Zeitpunkt dafür ist jetzt. Beseitigst du deine Unzufriedenheit, wirst du eine wesentlich positivere Ausstrahlung haben.

ENTDECKE DEIN INNERES WESEN

AUFGABE:

Weißt du, welche charakterlichen Eigenschaften dich besonders liebenswert machen? Kennst du dich gut genug, um deine Stärken zu betonen? Denke darüber nach und mach dir deine positiven Eigenschaften bewusst. Bist du vielleicht besonders tolerant oder besonders gelassen? Liegt deine Stärke in deiner Konsequenz oder in deiner Fähigkeit zum tiefen, ehrlichen Mitgefühl?

Wenn du deine Stärken durch dein Verhalten und vor allem auch durch deine Mimik und Gestik betonst, wirst du von anderen für deine Ausstrahlung geschätzt. Wenn du ein noch genaueres Bild von Charisma haben möchtest, such dir einen Menschen, den du für charismatisch hältst und überlege, worin genau seine Anziehung besteht. Du wirst schnell bemerken, dass du ihm das, was seine Ausstrahlung ausmacht, auch seinem Wesen zuschreibst. So wird ein Mensch als „er selbst" wahrgenommen. Es ist übrigens vollkommen legitim, seine Stärke zu betonen. In der Werbung wird auch nichts über die Schwachstellen eines Produkts erzählt. Wenn du und dein Traumpartner euch ausreichend sympathisch seid, um euch näherzukommen, werden die Schwächen nach und nach ans Licht kommen. In einer stabilen und tragfähigen Beziehung können beide Partner damit leben, dass der andere ebenso wenig perfekt ist wie man selbst.

DIE 5 SCHRITTE ZU DEINEM TRAUMMANN

1. Erkenne den passenden Typ Mann

Wichtig ist, dass du verstehst, dass es nicht bestimmte Eigenschaften und Charakterzüge gibt, die alle Männer anziehen. Es gibt auch keine definierten Eigenschaften, die einen Menschen charismatisch sein lassen. Der Frauentyp, der sanft und liebevoll im Hintergrund wirkt, kann ebenso charismatisch sein wie die Frau, die gern die Gummistiefel anzieht und ihren Partner zum Pferdestehlen begleitet. Für jeden Typ gibt es Gegenstücke. Nicht jeder Mann mag den gleichen Frauentyp. Das bezieht sich nicht nur auf Äußerlichkeiten, sondern auch auf den Charakter. Während manche Männer eher ruhige, introvertierte Frauen mögen, sind andere von lebhaften, extrovertierten Frauen hingerissen. Manche Männer mögen den umsorgenden, mütterlichen Typ, andere wieder schmelzen bei der emanzipierten Amazone dahin. Das ist gut so, denn sonst hätte nur ein ganz bestimmter Typ Chancen beim anderen Geschlecht und alle übrigen gingen auf der Suche nach einem Partner fürs Leben leer aus. Übrigens ist natürlich klar, dass wir alle etwas komplexer sind als eine simple Formulierung, wie „Amazone" oder „der mütterliche Typ". Natürlich haben wir in unterschiedlichen Kontexten unterschiedliche Persönlichkeitsanteile, die sich stärker oder schwächer zeigen.

Diese Erkenntnis gibt dir die Sicherheit, dass auch du deinen Traummann finden kannst und wirst. Das Wichtigste ist, dass du zu dir und deinen Eigenschaften stehen kannst. Deine Ausstrahlung sollte direkt aus deinem Inneren kommen und auf keinen Fall daran orientiert sein, was andere sehen wollen. Du könntest sonst unglaubwürdig wirken oder als Mogelpackung empfunden werden.

2. Was strahlst du nach außen aus?

Auch deine Kleidung hat einen Anteil daran, wie du wirkst und welche Anziehungskraft du ausüben kannst. Dabei geht es aber nicht darum, sexy oder modern etc. auszusehen, sondern der Situation und Zielsetzung angemessen. Wenn du einen Mann in einem Managerberuf suchst, solltest du darauf achten, nicht als Punk-Lady herumzulaufen. Suchst du den alternativen Partner für einen gemeinsamen Öko-Bauernhof, wirst du in High Heels mit Animal-Print wahrscheinlich nicht von ihm gefunden werden. Doch Vorsicht! Bleib auch in der Wahl deiner Garderobe du selbst. Wenn du falsch eingeschätzt wirst, weil du bestimmte

Kleidungsstücke trägst, hat das auch damit zu tun, dass du vorschnell abgelehnt wurdest. Wer dich allein wegen deiner Kleidung ablehnt, könnte oberflächlich sein oder zu stark in Klischees denken. Das ist nur dann in Ordnung, wenn du genau solch einen Mann an deiner Seite wünschst. Möchtest du einen Partner haben, der etwas flexibler und liberaler denkt, darfst du ruhig erwarten, dass er dir auch dann eine Chance gibt, wenn du nicht auf den ersten Blick in sein Schema F passt. Überprüfe noch einmal, wie der Mann deiner Träume sein soll. Bist du wirklich auf dem richtigen Weg oder gehen Bauch und Kopf bei dir auseinander? Manche Frau sehnt sich nämlich nach dem großen Abenteuer und wählt nur deshalb den spießigen Bürotypen, weil ihre Prägung dementsprechend verlaufen ist.

3. Bleib in Bewegung

Zu dir zu stehen bedeutet nicht, dass du für immer an starren Prinzipien und Überzeugungen festhalten musst. Jeder Mensch verändert sich. Damit ist weniger die Anpassung an die Umwelt gemeint. Vielmehr sammeln Menschen Erfahrungen und lernen. Überprüfe, wo du wirklich authentisch bist und wo du nur alte Muster abspulst. Gib dir auf dem Weg in eine glückliche Beziehung die Chance zu lernen und zu wachsen. Auf diesem Weg wirst du wahrscheinlich mehr als nur einem Menschen begegnen. Jeder potenzielle Partner, der sich am Ende nicht als der Traumprinz entpuppt, kann dir helfen, dich selbst besser zu verstehen. Du erlangst mehr Bewusstsein dafür, was dir wirklich wichtig ist. Dein Selbstbewusstsein wächst also und du kommst deinen Wünschen, Vorstellungen näher und lernst dich besser kennen. Verzage deshalb nicht, wenn du eine Weile suchen musst. Schließlich ist dein Traumprinz nicht an jeder Ecke zu finden.

4. Sei authentisch

Um deine Attraktivität zu entwickeln ist es wichtig, dass du dich darauf fokussierst, DEINE Ausstrahlung zu entdecken. Nur dann kannst du Männer anziehen, die speziell zu DIR passen.

Wir empfinden Menschen als anziehend, die authentisch sind. Authentisch zu sein bedeutet, dass du dein Primärgefühl ausdrückst, statt in deinem Sekundärgefühl zu leben. Dein Primärgefühl ist das Gefühl, dass du eigentlich wahrhaftig in dir spürst, wenn du es nicht durch ein anderes (Sekundärgefühl) überlagerst.

Wenn du einen Versicherungsvertreter bei dir zu Hause hast, dessen eigentliche Intention es ist, an dir Geld zu verdienen, der dir aber vorspielt, dass er an dir als Mensch interessiert ist, dann spürst du diese Diskrepanz. Du spürst, dass er in seinem Sekundärgefühl lebt und nicht ganz ehrlich ist. Evolutionär gesehen waren unehrliche Menschen ein Problem und deswegen vertrauen wir ihnen weniger und finden sie auch weniger sympathisch. Dazu nutzen wir die Spiegelneuronen in unserem Gehirn. Für deine Suche nach einem passenden Partner bedeutet das, dass du ehrlich erkennen lassen solltest, wenn du Interesse an einem Mann entwickelst. Versuche nicht, ihm etwas vorzuspielen. Du gehst dabei natürlich das Risiko ein, dass er dein Interesse nicht erwidert. Doch je früher das klar ist, umso besser für dich. Es hilft dir unglaublich stark, keine unnötige Zeit mit dem falschen Mann zu verlieren.

Um das zu erreichen, musst du deine eigenen Gefühle wahrnehmen können. Kennst du deine Primär- und deine Sekundärgefühle? Im Sinne dieses Buches ist dein Sekundärgefühl die Sehnsucht nach einem Partner für eine glückliche Liebesbeziehung. Die Primärgefühle entstehen in der Begegnung mit einem potenziellen Kandidaten. So ist es durchaus möglich, dass dein Gegenüber dich langweilt. Er könnte dir auch mit sexistischen Witzen oder schlechtem Benehmen auf die Nerven gehen. Beachte diese Primärgefühle unbedingt. Es handelt sich um wichtige Warnsignale, um Stoppschilder. Wenn du sie übersiehst, läufst du Gefahr, um einer Beziehung willen den falschen Mann zum Partner zu wählen. Das Risiko hierfür ist dann besonders groß, wenn deine Sehnsucht schon lange unerfüllt ist. In diesem Fall brauchst du die Selbstdisziplin, dir treu zu bleiben und weiter nach dem Traummann Ausschau zu halten. Zu viele Kompromisse gleich zu Beginn eines Flirts sind Zeitverschwendung und werden dich nicht zum Ziel führen. Sei nicht eine der

Frauen, die mehr in die Idee einer Partnerschaft als ihren eigentlichen Partner verliebt sind.

Es kann immer wieder vorkommen, dass dein Kontakt dir schmeichelt und von dir bezaubert ist. Das bedeutet nicht, dass dieses Gefühl auf Gegenseitigkeit beruht. Hüte dich davor, dich auf einen Mann einzulassen, der dir ausschließlich deshalb gefällt, weil du ihm gefällst. Für eine echte Partnerschaft auf Augenhöhe ist es nicht ausreichend, wenn der Mann in dich verliebt ist. Du solltest in jedem Fall darauf achten, dass deine Wünsche an eine Partnerschaft mit ihm erfüllbar sind.

5. Werde von der Zuschauerin zur Handelnden.

An dieser Stelle soll noch einmal deutlich hervorgehoben werden, dass Charisma ein aktives Handeln voraussetzt. Eine Frau muss nicht, wie im Film auf romantische Art gerettet werden, um die wahre Liebe zu finden. Kein Prinz wird sie aus ihrem Dornröschenschlaf wecken und niemand wird auf einem weißen Schimmel daherkommen, um das Leben der Frau für immer einfach so zu verbessern. Wenn du wirklich an einer festen Partnerschaft interessiert bist, liegt darin eine Aufgabe, die du selbst angehen darfst und musst. Falls der Erfolg auf sich warten lässt, liegt das nicht an der Männerwelt und ihren Potenzialen, sondern mit großer Wahrscheinlichkeit daran, dass du noch nicht aktiv genug bist, um dein Ziel zu erreichen. Dabei geht es nicht nur darum, wie viel Zeit du in die Partnersuche investierst, sondern auch was du machst. Es hilft dir nichts, wenn du das fünfte sinnlose Date mit einem Typen hast, nur weil du ansonsten Freitag Abend alleine zuhause gewesen wärst.

Wir leben in einer Gesellschaft, in der uns vieles geboten wird. Per Knopfdruck sehen wir die schönsten Landschaften und die extravaganten Erlebnisse von Social Media Influencern. Unsere Gesellschaft ist eine Gesellschaft der Zuschauer geworden. Oft erleben wir unsere eigenen Sehnsüchte und Bedürfnisse, indem wir sie auf andere Menschen übertragen. Via TV-Soap und Instagram können wir die Illusion entwickeln, am Leben anderer Menschen teilzuhaben. Für viele Individuen droht das zum Ersatz für das eigene Handeln und Erleben zu werden.

Besonders als Single ist man anfällig dafür, seine eigene Sehnsucht zu kompensieren, indem man Zuschauer wird. Solch ein Leben aus zweiter Hand wird dir nicht dabei helfen, deinen Traummann zu finden. Eher wird es dazu beitragen, unrealistische Erwartungen zu wecken. Verlass das Haus, unternimm etwas, suche Begegnungen – kurz: Nimm dein Leben selbst in die Hand! Du willst doch lieber selbst an dem Karibik Strand spazieren gehen, den Nationalpark erkunden, mit deinem Traummann einen Roadtrip im Cabrio machen oder im Wald picknicken gehen. Es hilft dir nicht, wenn du deine Träume damit befriedigst dir das Leben der anderen auf Instagram, im Fernsehen oder auf Hochglanz Magazinen anzuschauen. Du bist es dir, deinem Umfeld und der Welt schuldig, deine Träume wahr werden zu lassen.

DIE GRUNDSÄULEN EINER POSITIVEN AUSSTRAHLUNG

Eine positive Ausstrahlung und damit eine charismatische Persönlichkeit ruhen auf fünf Grundsäulen, die du nach und nach stabilisieren kannst. Arbeite die folgenden Faktoren gründlich durch, um ein gefestigtes Charisma zeigen zu können. Bedenke dabei, dass es nicht darum geht, eine Maske aufzusetzen und in eine Rolle zu schlüpfen. Dein persönliches Charisma ist individuell. Bleibe also du selbst, auch wenn es dir zu Beginn etwas mühsam erscheint. Der Einsatz lohnt sich in jedem Fall, denn wenn du deine Ausstrahlung einmal entwickelt hast, wirst du sie nicht so schnell wieder verlieren. Sie kommt dir in jeder Situation, die du zu meistern hast, zugute.

SELBSTAKZEPTANZ

Durch Selbstakzeptanz entsteht innere Ruhe. Ein Mensch, der mit seinen Fehlern und Schwächen leben kann und sich so annimmt, wie er ist, ruht in seiner eigenen Mitte. Diese Ruhe lässt ihn selbstbewusster und charismatischer wirken. Der Zusammenhang ist leicht zu verstehen. Wer ständig mit der Frage beschäftigt ist, ob er etwas falsch macht, wirkt unruhig und unsicher. Diese Gefühle wirken sich auf die Umgebung aus. Die Folge ist, dass auch andere Menschen verunsichert werden. Wer Unsicherheit verbreitet, wird als weniger sympathisch empfunden. Das hat seine Ursache in den Grundbedürfnissen des Menschen. Sicherheit steht ganz vorn auf unserer Bedürfnisliste. Ruhige Menschen, bei denen keine unangenehmen Überraschungen zu befürchten sind, sind besonders beliebt. Innere Ruhe, die sich auch in deiner Ausstrahlung bemerkbar macht, findest du dadurch, dass du gelassen mit deinen Fehlern und Schwächen umgehen lernst.

Um dauerhafte innere Ruhe und Selbstakzeptanz zu entwickeln empfehle ich dir die kostenlose geführte Meditation aus dem Mitgliederbereich. Gehe dazu auf: Darius-Kamadeva.de/unwiderstehlich

Stell dir vor, du hast ein Date mit einem Mann, der dir als Partner interessant scheint. Wenn du dich selbst annehmen kannst, wird euer Gespräch entspannt sein und du kannst dich auf dein Date konzentrieren. Wenn du dir Sorgen machst, ob du ihm zu dick bist oder ob ihm deine große Nase unangenehm aufgefallen ist, bist du mit deinen Gedanken nicht wirklich bei der Sache. Er wird deine fehlende Konzentration bemerken und könnte daraus schließen, dass du dich nicht für ihn interessierst. Deine Aufmerksamkeit sollte sich nicht auf deine vermeintlichen Makel richten. Gib ihm die Chance, die wundervolle Frau und Heldin zu entdecken, die in dir steckt. Du weißt gar nicht, ob der passende Mann nicht gerade deine Schwächen für liebenswerte Eigenschaften hält und nicht mehr missen möchte.

Toleranz und ehrliches Interesse an anderen Menschen

Niemand hat gerne Menschen in seiner Umgebung, die ständig an allem und jedem herumkritisieren oder negative Gedanken verbreiten. Sympathie ist davon abhängig, wie wohl sich ein Mensch in der Gegenwart des anderen fühlen kann. Wohlgefühl hängt dabei auch davon ab, wie positiv die Stimmung und die

Gesprächsthemen sind. Es ist wichtig, über kleine Schwächen und Fehler hinwegzusehen. Schließlich kannst du sie nicht ändern, auch wenn du deinen Unmut lautstark äußern würdest. Menschen sind, wie sie sind. Das gilt auch für deinen Traumpartner. Niemand von uns ist perfekt, doch das ist kein Grund, uns nicht trotzdem zu lieben. Nehmen wir uns so an, wie wir sind anstatt uns für unsere Einzigartigkeit zu verurteilen.

Stell dir vor, du hast endlich ein Date zu zweit mit deinem Prinzen. Ihr habt euch entschlossen, ein gemütliches Lokal zu besuchen, um gemeinsam zu Abend zu essen. Dir fällt sofort ein Fleck auf der Tischdecke auf und die Leute am Nebentisch unterhalten sich für deinen Geschmack zu laut. Auf der Speisekarte entdeckst du auf den ersten Blick zwei Tippfehler. Selbst wenn deine Kritik vollkommen berechtigt ist, ist sie nicht dazu geeignet, dir eine sympathische Ausstrahlung zu verleihen. Wenn es dir wichtig ist, sprich die Schreibfehler ruhig an, manche Menschen sind eben aus tiefstem Herzen Lehrer. Doch lass die Tippfehler nicht den Abend dominieren oder gar verderben. Denke in Lösungen anstatt in Problemen.

Der antike griechische Philosoph Sokrates hat eine Formel entwickelt, die bis in die heutige Zeit Gültigkeit hat: die sogenannten Sokratischen Siebe. Er empfahl seinen Schülern, stets nur über die Dinge zu sprechen, die sowohl gut als auch wahr und zudem wichtig waren. Sicher ist es manchmal wichtig, zu diskutieren oder sogar zu streiten. Auch konstruktive Kritik hat eine große Bedeutung. Doch sollte alles zur rechten Zeit geschehen. Während der ersten Annäherungen an einen fremden Menschen, dessen Herz du gewinnen möchtest, ist in jedem Fall die Zeit für eine positive und ruhige Ausstrahlung. Wenn du nach Möglichkeiten suchst, deinen Geist auf positive Gedanken zu lenken, dann probier doch einfach mal die zwei Minuten Meditation aus? Sie ist der mit Abstand effektivste Weg, den ich kenne, sich mental aus destruktiven Teufelskreis raus zu holen. Das Beste daran ist, dass es gerade einmal zwei Minuten dauert und du diese Technik überall anwenden kannst, um dein Selbstbewusstsein und deine Ausstrahlung zu verbessern. Du findest eine Anleitung im Audio und Video Format im kostenlosen Mitgliederbereich des Buchs. Gehe dazu auf:

DariusKamadeva.de/unwiderstehlich

Toleranz und Interesse beruhen auf Gegenseitigkeit.

Menschen akzeptieren dich leichter, wie du bist, wenn du sie auch akzeptierst. Beziehungen sind nämlich keine Einbahnstraßen. Großmutters Spruch „Wie es in den Wald hineinruft, so schallt es heraus“ ist eine sehr weise Erkenntnis. Wenn du Menschen bestärkst, dann ist es wahrscheinlich, dass sie auch dich im Gegenzug bestärken. Diese gegenseitige Bestärkung macht Beziehung so wertvoll für beide Seiten. Dazu zählt ein freundlicher und wohlwollender Umgang mit anderen Menschen. Dabei hilft die das Prinzip der Reziprozität. In der Soziologie beschreibt Reziprozität das Prinzip des gegenseitigen sozialen Austauschs. Stark vereinfacht: Tust du mir etwas Gutes, tue ich auch dir etwas Gutes.

Wir Menschen sind, wenn wir zusammenarbeiten, effektiver als Einzelpersonen. Deswegen helfen Spiegelneuronen im Gehirn uns Empathie zu empfinden. Empathie fungiert wie der soziale Kleber zwischen Menschen. Grundlegend wollen wir, dass es anderen Menschen genauso gut geht wie uns.

Wenn du von einem Mann wirklich verstanden und akzeptiert werden möchtest, solltest du ihn auch wirklich verstehen und akzeptieren.

Gutes Zuhören ist dabei eine Schlüsselfertigkeit. Zuhören ist ein Teil der Kommunikation. Wer nur spricht und dabei womöglich nur seine eigenen Interessen oder seine eigene Person im Fokus hat, gilt schnell als ignorant oder selbstverliebt. Beide Eigenschaften sind unsympathisch. Interesse am anderen Menschen drückt sich sehr deutlich darin aus, ihm konzentriert zuzuhören. Wenn wir sprechen, erfahren wir nur Dinge, die wir bereits wissen. Halte Blickkontakt und gib deinem Gesprächspartner zu verstehen, dass er im Mittelpunkt deiner Aufmerksamkeit steht. Das ist wichtig, damit du nicht nur physisch, sondern auch psychisch anwesend bist. Spiel nicht mit Gegenständen rum und bleib auch mit deinem Augenkontakt voll bei deinem Gegenüber. Es geht nicht darum, ihn 110 % der Zeit anzublicken oder gar anzustarren. Es geht darum, ihm zu zeigen, dass du mit deiner Aufmerksamkeit innerlich und äußerlich komplett bei ihm und in dem Moment bist. Achte darauf, dass deine Hände nicht in deiner Kleidung oder an deinen Haaren spielen. Das wirkt nervös und unsicher. Deine Unsicherheit könnte sich auf den Gesprächspartner übertragen. Wenn er das Gefühl hat, dass du ihm gut zuhörst, dann fühlt er sich bestätigt und fasst das als Anerkennung auf. Die Wahrscheinlichkeit, dass er ein zweites Treffen mit dir vereinbaren möchte, wächst.

Spezialthema Smartphone und Co.

Singles haben viele ihrer persönlichen Kontakte über das Smartphone. Wer eine Weile allein lebt, gewöhnt sich schnell kleine Ticks und Macken an, die sich mit einer Beziehung nicht vertragen. Achte darauf, dass du die Regeln der Höflichkeit auch hinsichtlich deines Smartphones einhältst. Wer auf sein Display schaut, wird nicht angesprochen, denn er gilt als beschäftigt. Das Gerät gehört beim Essen nicht auf den Tisch und sollte lautlos gestellt sein. Wenn ein Blick notwendig wird, frage vorher kurz, ob es deinen Gesprächspartner stört. Erkläre, warum du das Smartphone aus der Tasche holen musst. Wichtige Gründe sind die eigenen Kinder, die allein zu Hause sind, kranke Angehörige oder Bereitschaftsdienst im Beruf. Schauen wie viele neue Nachrichten es in deiner Mädels WhatsApp Gruppe gibt oder ob du schon genug Likes auf dem neusten Instagram Foto hast, sind keine Gründe, eine Unterhaltung zu unterbrechen.

Achtung Falle: Wenn dein Date auf die Toilette geht, hüte dich davor, das Smartphone zu nutzen. Wenn er zurückkommt, macht das eventuell keinen guten Eindruck. Es könnte so wirken, als ob du schon die ganze Zeit darauf gewartet hast, dass du endlich an dein Handy kannst. Umgekehrt darfst du auch darauf achten, dass dein Gegenüber sich anständig verhält. Moderne Medien stellen enorme Ansprüche an den Anstand ihrer Nutzer. In Beziehungen sind sie oft Anlass für Konflikte und Streitigkeiten. Diesem Aspekt deiner zukünftigen Beziehung solltest du bewusst Aufmerksamkeit widmen. Wenn ihr Zeit miteinander verbringt, solltet ihr sie auch wirklich mit einander verbringen.

Fragen zeigen Interesse.

Stelle Fragen, die die Konversation tiefer führen. Wenn dein Gegenüber von einem seiner Hobbys erzählt, dann könntest du ihn beispielsweise fragen, wie lange er dieses Hobby schon ausübt oder, welche Befriedigung er daraus zieht. Vollkommen falsch dagegen ist, schnell auf eines deiner Hobbys umzuschwenken oder gar zu verstehen geben, dass dir das Hobby des anderen absolut uninteressant scheint. Es geht darum, einiges über den anderen zu erfahren. Du möchtest ihn doch kennenlernen und herausfinden, ob er dein Traummann ist?

In dieser Phase spielt es noch keine Rolle, welche Beziehungsregeln später gelten sollen. Meist sind die Themen der ersten Treffen nicht die, die später in der Beziehung wichtig werden. Dieser Hinweis gilt deshalb für die ersten Begegnungen. Selbstverständlich kannst du zu einem späteren Zeitpunkt auch deine persönliche Meinung zu seinem Hobby äußern. Doch um dir überhaupt eine fundierte Meinung zu bilden, musst du die Zusammenhänge kennen. Die findest du heraus, indem du Fragen stellst. Wenn du vorschnell deine eigene Meinung äußerst, wird dein Gegenüber dich als anstrengende Kritikerin wahrnehmen. Er wird sich sehr genau überlegen, ob er Freude daran hat, dir weitere Einzelheiten aus seinem Leben zu erzählen. Schließlich geht es nicht nur darum, dass der Mann deiner Träume dich attraktiv findet. Er will auch das Gefühl haben, dir zu gefallen. Das gibst du ihm, indem du nachhakst und interessiert an den Informationen bist, die du erhältst.

Zeige Bereitschaft, dich zu öffnen.

Wenn du, „Die Kunst des Fragens“ beherrscht, dann kannst du dich im nächsten Schritt darauf vorbereiten, deine Bereitschaft zu zeigen, dich zu öffnen. Erzähle ein wenig über dich. Pass auf, dass du keine Monologe über langweilige Themen hältst und werde nicht zu anstrengend. Kleine humorvolle Informationen über ein Hobby oder ein Urlaubserlebnis sind gut geeignet, das Interesse an dir zu wecken. Gib aber dem Gegenüber auch die Möglichkeit, Fragen zu stellen. Du musst nicht gleich deine ganze Lebensgeschichte ausbreiten. Auch deine vorherigen Beziehungen sind kein gutes Thema für den Anfang einer Beziehung. Zeige deine optimistische Grundhaltung und gib dich als eine Frau zu erkennen, die viele spannende Seiten hat. So kannst du dem Mann vor dir Lust darauf machen, dich zu ergründen. Sein Entdecker- und Eroberungsdrang werden dadurch geweckt.

Körpersprache und Stimme

Deine Körpersprache und der Klang deiner Stimme entscheiden stark darüber, wie selbstbewusst du auf andere Personen wirkst. Wenn du undeutlich sprichst und mit einer eingesunkenen Körperhaltung unterwegs bist, dann wirkt das weniger selbstbewusst, als wenn du ruhig und gelassen redest und dich aufrecht hältst. Speziell für diesen Teilbereich deiner Ausstrahlung gibt es sogar Workshops und Seminare. Das Auftreten ist deshalb so wichtig, weil es für den ersten Eindruck keine zweite Chance gibt. Wenn dein ersehnter Traumpartner dich kaum verstehen kann, weil du leise in deinen imaginären Bart nuschelst, wird ihm der Kontakt zu dir einfach zu anstrengend sein. Er wird sich schnell nach einer Gesprächspartnerin umsehen, die ihm eine lockere Plauderei verspricht. Das sagt nichts darüber aus, ob ihr beide nicht ein tolles Paar hättet werden können.

Es ist immer schade, wenn eine Chance verpasst wird. Achte deshalb darauf, Fehler wie undeutliches Sprechen oder unklare Aussagen zu vermeiden. Partnerschaft wird auch als Ruhepol empfunden. Eine Frau, die schon von der ersten Minute an Anstrengungen erfordert, wirkt auf einen Mann wenig einladend für eine feste Beziehung. Das gilt auch für deine Haltung. Eine entspannte Körperhaltung und ein freundlicher Ausdruck versprechen eine lockere und harmonische Unterhaltung. Ist deine Körperhaltung verkrampft oder ängstlich, wird sich die Unsicherheit auch auf ihn übertragen. Denke daran, dass sich deine Gesprächspartner in deiner Nähe gut fühlen sollen. Achte deshalb darauf, dass deine Ausstrahlung einladend und sympathisch wirkt. Hilfsbedürftigkeit und Minderwertigkeitskomplexe sind definitiv nicht anziehend und weit entfernt von Charisma.

Anziehende Gestik & Mimik ist erlernbar.

Eine gute und authentische Körpersprache sollte niemals gekünstelt oder aufgesetzt wirken. Deshalb gilt hier der Grundsatz: Weniger ist mehr. Gerade bei der Körpersprache spielt eine große Rolle, dass sie ehrlich wirkt. Nimm nicht zu wenig Raum ein, weil das einen niedrigen Selbstwert kommuniziert. Es ist wichtig, die Balance zwischen zu wenig und zu viel Raum zu finden. Das bedeutet, Gesten sollten sichtbar, aber niemals übertrieben sein. Dein eigener Spielbereich ist etwa dreißig Zentimeter um dich herum. Alles darüber ist in den meisten Fällen zu weit gegriffen. Finde den Mittelweg zwischen den Extremen, mit dem du dich am wohlsten fühlst. Ruhige, natürliche Bewegungen wirken sympathischer als ein nervöses Gestikulieren. Halte deine Arme in dem Bereich zwischen Kinn und Gürtellinie. Wenn du zuhörst und dabei nicht weißt, wohin mit deinen Händen, dann entspanne dich.

Dein Gegenüber freut sich über einen entspannten und gelassenen Zuhörer, denn das signalisiert, dass er Zeit zum Erzählen hat. Mach dir deine eigene Gestik bewusst, indem du immer wieder darauf achtest, wie du sie einsetzt. Das übst du am besten nicht auf dem Date, sondern in deinem Alltag. So bekommst du mit der Zeit ein besseres Gefühl für deine Wirkung auf andere.

Verliebte achten unbewusst auf jede kleine Regung, die sie

beim anderen erkennen. Aus diesem Grund kann die Mimik dafür sorgen, dass der Mann deiner Träume sich Hals über Kopf in dich verliebt, ohne dass er weiß, warum das so ist. Du kannst an deiner Mimik feilen, damit du eine unwiderstehliche Ausstrahlung hast. Am besten stellst du dich hin und wieder vor einen Spiegel und betrachtest dich selbst. Achte auf ein entspanntes Lächeln und einen konstanten, ruhigen Blickkontakt. Du kannst deinen Blick auch für einen Augenblick abwenden, denn Starren ist eine negative Eigenschaft.

Die meisten Menschen wissen intuitiv, wann der Blick zu tief und zu intensiv wird. Kehre schnell wieder zu deinem Gesprächspartner zurück, denn er soll nicht das Gefühl bekommen, du hättest das Interesse verloren. Beim Blickkontakt ist es wichtig, dass du dich wohlfühlst und ein positives Gefühl gegenüber der Person hast, die du anschaust. Wenn du negativ über die Person denkst, dann wirst du das durch deinen Blickkontakt kommunizieren. Um ein ehrliches Lächeln aufzusetzen, kannst du dir deine liebsten Erinnerungen in Form von Bildern oder kleinen Filmen vor Augen halten. Überhaupt gilt, dass deine Mimik attraktiver wirkt, wenn du dir vor der Begegnung ein paar Minuten Zeit für ein tiefes Durchatmen gönnst. Das positive Erlebnis während deiner gedanklichen Erholungspause ist in deiner Mimik sichtbar.

Mit der Stimme Stimmung erzeugen.

Auch die Stimme ist ein Riesenfaktor für das Charisma. Charismatische Menschen sprechen ruhig und deutlich, außerdem achten sie auf ihre Wortwahl. Umgangssprachliche Wendungen und Kraftausdrücke sind hier wenig empfehlenswert. Natürlich solltest du versuchen füllende Laute zu vermeiden (ähm, öh, mhh). Dein Ausdruck sollte klar und konkret sein. Aus diesem Grund empfehle ich dir den Konjunktiv (würde, hätte, sollte) und abschwächende Wörter wie „vielleicht“, „eigentlich“ und ähnliche zu vermeiden. Dein Gesprächspartner soll an deiner Sprache ruhig erkennen können, woran er bei dir ist. Drück dich selbstbewusst und stark aus - zeig ihm die Heldin in dir, du darfst.

Wenn du eher zu den schüchternen Menschen gehörst, kannst du dich ein wenig auf das Gespräch vorbereiten. Selbst spontane Bekanntschaften kannst du mit einer freundlichen Anekdote oder einem kleinen, geschmackvollen Witz auflockern. Vielen Menschen fällt es schwer, ganz locker und impulsiv ein Gespräch zu führen. Unangenehme Gesprächspausen kannst du vermeiden, indem du ein paar kleine Inhalte auswendig kennst und immer dann anbringst, wenn die Situation passend erscheint. Diese Inhalte sollten im besten Fall etwas über deine Person aussagen. Dabei sind die Themen Politik, Religion und Geld nicht unbedingt geeignet für einen fröhlichen Small Talk. Gesprächspausen müssen allerdings auch nicht immer schlecht sein. Atme erst einmal durch, bevor du das Schweigen brichst. Gib euch beiden die Zeit auch mal etwas zu verschnaufen und einfach nur da sein zu dürfen. In eurer späteren Beziehung werdet ihr auch nicht immer sprechend Zeit mit einander verbringen.

Es ruht sich gut im Auge des Taifuns.

In Asien gehen die Uhren anders. Die Lebenshaltung der Menschen, die dem Buddhismus angehören, ist durch Gelassenheit und Gleichmut geprägt. Viele weise Aussagen verdanken wir den Gurus und Yogis der asiatischen Kultur. „Es ruht sich gut im Auge des Taifuns“ gehört zu den ganz wichtigen Lebensweisheiten. Damit ist gemeint, dass, obwohl die Umgebung unruhig und aufgeregt ist, von dir tiefe Ruhe ausgehen kann. Wer die Fähigkeit hat, auf andere Menschen beruhigend und entspannend zu wirken, ist meist ein gern gesehener Kontakt. Stell dir dein erstes Date mit einem fremden Mann vor. Wahrscheinlich bist du ein wenig aufgeregt und voller offener Fragen. Wenn dein Date Ruhe und Gelassenheit ausstrahlt, überträgt sich das auf dich und du kannst gelassen bleiben. Lerne, selbst dieser Mensch zu sein.

In Situationen, in denen du nervös und aufgeregt bist, ist es nicht immer leicht, Mimik und Gestik im Blick zu behalten.

Doch gerade bei emotionaler Anspannung ist Achtsamkeit gefragt. Lenke deine Aufmerksamkeit immer wieder zurück auf deine Atmung. Indem du deine Atmung aktiv beruhigst, sorgst du dafür, dass du entspannt bleibst. Viele Menschen haben im Laufe der Jahre Ticks entwickelt, die zum Vorschein kommen, wenn sie nervös werden. Dazu kann das Zucken des Augenlids gehören oder das Knabbern an den Fingernägeln. Auch sehr unangenehme Verhaltensweisen wie in der Nase bohren oder aufgeregtes Kratzen können dazugehören. Diese Handlungen werden als Übersprunghandlungen bezeichnet und finden fast immer unbewusst statt. Mach dir bewusst, was du tust, wenn du nervös wirst. Auf der einen Seite hilft natürlich innere Ruhe gegen diese irritierenden Verhaltensweisen, auf der anderen Seite kann der Tick leichter unterdrückt werden, wenn er dir bewusst ist.

EINE OPTIMISTISCHE GRUNDHALTUNG ZUM LEBEN

Die oben angesprochenen Faktoren einer charismatischen Ausstrahlung beruhen auf einer positiven Grundeinstellung, einem gesunden Optimismus. Mit Optimismus meine ich in diesem Kontext den festen Glauben daran, dass du die Fähigkeiten besitzt, alle Situationen langfristig gut in deine gewünschte Richtung zu lenken. Diesen Optimismus wirst du in jedem Fall schon haben, denn sonst würdest du dir nicht zutrauen, einen passenden Partner für eine glückliche Beziehung zu finden. Immerhin machst du dich mit dem Lesen dieses Buches auf den Weg in eine schönere Zukunft zu zweit. Es ist wichtig, dass dieser Optimismus für den anderen Menschen spürbar wird. Damit ist natürlich nicht gemeint, dass du gleich beim ersten Treffen Heiratspläne schmiedest und ihn als deinen Freund siehst. Optimismus zeigt sich in erster Linie darin, dass du ausstrahlst, dass dein Leben dir Freude macht und auch weiterhin Freude machen wird. Optimistische Menschen sind der Überzeugung, dass:

es für jede Aufgabe, jede Herausforderung und jedes Problem eine Lösung gibt,
das Leben einen Sinn ergibt,
Wünsche und Hoffnungen sich erfüllen können.

Dabei bleiben sie in der Realität und wissen, dass sie selbst die Verantwortung für ihr Leben tragen. Optimisten sind keine Träumer. Es geht nicht darum nur die guten Dinge zu sehen oder sich Dinge schön zu reden. Es geht viel mehr darum, die Dinge objektiv und zugleich lösungsorientiert zu sehen. Optimisten sind diejenigen, die anderen Mut und Trost spenden können. Optimisten sind gute Motivatoren. Das macht sie attraktiv und interessant für andere. Wenn dein zukünftiger Partner dich als Optimistin wahrnehmen kann, wird er ziemlich schnell Sympathie für dich entwickeln. Denn er weiß, dass du nicht jammerst und meckerst, sondern deine Angelegenheiten selbst regelst und Aufgaben angehst. Dadurch kann er die Hoffnung auf eine Beziehung auf Augenhöhe mit dir entwickeln.

Es gibt einige Äußerlichkeiten, an denen die Umgebung einen optimistischen Menschen erkennen kann. Dazu zählen das Lächeln und eine entspannte Körperhaltung. Vermeide, deine Arme, oder noch gravierender, deine Beine, zu verschränken. Du solltest auch nicht zusammengesunken auf einem Stuhl sitzen. Eine aufrechte Haltung des Kopfes wirkt ebenfalls optimistisch. Die Kleidung ist natürlich immer dem persönlichen Stil unterworfen. Doch sehr dunkle und einfache Kleidung wirkt oft weniger optimistisch als freundliche Farben und schöne Stoffe. Frauen, die gern Schmuck tragen, können mit geschmackvollen Accessoires betonen, dass sie Wert auf ihr Äußeres legen und Spaß an sich selbst und den schönen Dingen des Lebens haben. Im Allgemeinen wirken Menschen, die ein gepflegtes Äußeres haben, optimistischer und selbstbewusster als diejenigen, die aussehen, als seien Kernseife und Wasser ihr einziger Luxus.

Wenn du bis jetzt keine positive Einstellung hast, dann kannst du sie entwickeln, indem du dich regelmäßig an das erinnerst, was bereits gut in deinem Leben ist. Du kannst zusätzlich, wenn du im Gespräch mit anderen Menschen bist, dir die Frage stellen, was du für diese Menschen tun könntest, wie sie von dir profitieren könnten, damit du aktiv daran arbeitest, anziehend zu sein. Geh wohlwollend auf die Menschen zu. Zeige Interesse und gib ihnen zu verstehen, dass du eine positive und konstruktive Verbindung aufbauen möchtest. Um deine Ausstrahlung zu trainieren, und in der Praxis zu erproben, stehen dir unzählige Menschen zur Verfügung, denen du im täglichen Leben begegnest.

Obwohl es viele gute Hinweise darauf gibt, wie die eigene Ausstrahlung verbessert werden kann und wie das Charisma verstärkt wird, bleibt doch immer wichtig, dass du dich ganz individuell betrachtest. Es hilft nicht, jemanden zu kopieren, denn das wirkt aufgesetzt und unehrlich. Bleibe also bei all deinen Bemühungen, noch anziehender zu werden, deiner eigenen Persönlichkeit treu. Die Motivation für deine Veränderung muss in dem Wunsch liegen, am Ende dir selbst besser zu gefallen. Nur, wenn du dich selbst anziehend findest, werden auch andere Menschen von deinem Charisma in seinen Bann gezogen werden.

Bei all den Hinweisen auf eine Verbesserung der Ausstrahlung musst du keine ausgefeilte Strategie entwickeln. Wenn du starr nach einem Konzept vorgehst, geht das zulasten deiner Natürlichkeit und könnte künstlich wirken. Verinnerliche stattdessen die Hinweise, die dir sinnvoll und wichtig scheinen und nutze jede Gemeinheit zum Üben, die sich dir bietet. Deine Erkenntnisse werden dir mit der Zeit in Fleisch und Blut übergehen. So kommst du zu einer positiven, authentischen Ausstrahlung.

Das Thema Anziehungskraft wurde so ausführlich behandelt, weil es so viele kleine Details gibt, die in ihrer Summe eine starke Anziehung bewirken. Weil Charisma eine Angelegenheit des ganzen Körpers ist, kommt es darauf an, ihn wirklich vollständig einzusetzen. Die Verbesserung deines Charismas kannst du am besten Schritt für Schritt in Angriff nehmen. Setze dir kleine Ziele. Erwarte nicht zu viel von dir und erlaube dir auch, hin und wieder Fehler zu machen. Dein Gegenüber wird in erster Linie deine positive Grundhaltung wahrnehmen. Die ist dein wichtigster Pluspunkt, wenn du einen anderen Menschen begeistern möchtest.

Insgesamt lassen sich wichtigen Hinweise für deine Anziehungskraft in einer kleinen To-do-Liste aufführen:

Such dir eine Trainingsform, mit der du regelmäßig deine Haltung verbessern kannst.

Kontrolliere gelegentlich deine Haltung (zum Beispiel im Schaufenster). Übertreib es aber nicht, damit es nicht unnatürlich wird und du dich nicht verrückt machst.

Gewöhne dir an, bei jeder Begegnung zwei Fragen an deinen Gesprächspartner zu formulieren, um ihm dein Interesse zu signalisieren.

Achte darauf, Augenkontakt zu halten, wenn du im Gespräch bist.

Nimm dir morgens Zeit, um den Körper auf den Tag vorzubereiten (Frühstück, Kleidung auswählen, Yoga, Entspannung).

Lenke deinen Focus bewusst auf Positives (Meditation, Ziele setzen, Herausforderungen annehmen, gelassen sein).

Steigere deinen Selbstwert durch neue Erfahrungen wie Reisen, Seminare usw.

Ernähre dich gesund, denn damit strahlst du körperliche, geistige und seelische Fitness aus.

Bleibe in deinen Erwartungen bei dir und lass keinen Leistungsdruck entstehen.

Bleibe authentisch. Setz dir keine Masken auf und halte nicht mit deinen echten Gefühlen hinterm Berg.

Beschwere dich nicht über das Leben, sondern gestalte es so, wie du es dir wünscht.

MÖGLICHKEITEN UND GRUNDREGELN EINER BEZIEHUNG?

Schon in der Bibel steht: „Es ist nicht gut, dass der Mensch allein sei.“ Und tatsächlich scheint dieser Spruch für viele Menschen wahr zu sein. Sicher können einige gut damit umgehen, eine Weile als Single durchs Leben zu gehen. Andere wiederum können sich ein Leben ohne einen Partner gar nicht vorstellen. Die Sehnsucht nach einem Partner, mit dem eine glückliche Beziehung möglich ist, ist nicht immer gleich groß. In unserer modernen Zeit sind wir nicht mehr darauf angewiesen, unser Leben zu zweit zu verbringen. Wir dürfen uns den Freiraum nehmen, allein zu bleiben. Es entstehen uns zum Glück keine Nachteile, wenn wir uns entscheiden, nicht in einer Beziehung zu leben. Das hat den schönen Nebeneffekt, dass beide Partner freiwillig zusammen sein können. Sachzwänge und gesellschaftlicher Druck sind meist kein Grund mehr für eine Bindung.

Jeder, der sich dafür entscheidet, eine feste Bindung einzugehen, kann also ganz frei dabei sein. Trotzdem boomt der Markt der Partnersuche und viele Singles wünschen sich einen Partner. Das ist ein gutes Zeichen. Wir dürfen davon ausgehen, dass eine feste Beziehung in den Augen der meisten Menschen auch heute noch einen großen Wert hat. Die Motivation, sich einen Partner für einen gemeinsamen Lebensweg zu suchen, ist ungebrochen. Es wird daher Zeit, diese Motivation genauer zu beleuchten. In den folgenden Abschnitten kannst du dir über deine Beweggründe und über deine eigenen Erwartungen an eine Beziehung Klarheit verschaffen.

WAS WIR VON EINER BEZIEHUNG ERWARTEN DÜRFEN

Beziehung ist ein Wort, unter dem jeder etwas anderes verstehen kann. Eine einheitliche Definition für „Beziehung“ gibt es in unserer Gesellschaft nicht. Wichtig ist jedoch, dass die beiden betroffenen Partner in etwa die gleichen Vorstellungen davon haben, wie eine Beziehung sein sollte. Dafür sind speziell die eigenen Erwartungen und Grenzen von großer Bedeutung. Beginne zuerst damit, dir deine Erwartungen ganz deutlich vor Augen zu führen. Du kannst sie auch gern notieren. Schließlich ist deine Erwartung an eine Beziehung auch eine Erwartung an deinen zukünftigen Partner. Wahrscheinlich willst du nicht nur ihn als Mensch und als Mann genießen, du willst auch eine langfristige Beziehung als eine Verbindung zwischen euch beiden aufbauen. Doch wie genau sollte diese Beziehung sein?

Eine Beziehung hat viel zu bieten

Wer nach einer Definition für Beziehung sucht, bekommt viele verschiedene Vorschläge angeboten. Sehr überzeugend ist die Annahme, eine Beziehung sei die Möglichkeit, Erfahrungen zu machen, die man als Single nicht machen könnte. Das ist zumindest die Definition, die mir bisher am besten gefällt. Sicher kann auch das Leben allein Vorteile bieten, die in einer festen Bindung nicht gegeben sind. Selbst wenn zwei Menschen Erlebnisse teilen, die auch für Singles möglich sind, ist das Erlebnis ein anderes. Partner können sich austauschen, können ihre Eindrücke gegenseitig ergänzen und unterschiedliche Blickwinkel einnehmen. Hinzu kommen noch die Erfahrungen, die ein Single allein kaum machen kann. Es gibt viele Möglichkeiten, Zeit zu zweit zu füllen.

Partner sind keine Lückenfüller

Viele Menschen verbinden mit einer Beziehung die Chance, alles zu erhalten, was ihnen im Leben fehlt. So wird der Partner zu einem Lückenfüller. Wenn eine Frau sich nicht attraktiv fühlt und unter fehlendem Selbstwertgefühl leidet, soll der Partner das Problem lösen, indem er sie mit Anerkennung füttert. Wenn ein Mann Geborgenheit und Häuslichkeit vermisst, soll vielleicht die Partnerin dafür sorgen, dass er ein Zuhause bekommt.

Die Erwartungen, die an den anderen gestellt werden, haben dabei viel damit zu tun, dass der Partner funktionieren soll. Er soll etwas haben oder können, was bisher im Leben gefehlt hat. Diese Annahme ist gefährlich. Der Partner wird damit zu einer Rolle herabgewürdigt und auf das reduziert, was er in deinem Leben bewirken kann. Das hat er nicht verdient.

Jeder Mensch möchte um seiner selbst willen geliebt werden und nicht, weil er etwas kann oder etwas hat. Das erste Risiko, das sich ergibt, wenn der Partner eine bestimmte Funktion zugeschrieben bekommt, ist also, dass er sich ungeliebt und schlecht behandelt fühlt. Das zweite Risiko betrifft eher dich selbst als deinen Partner. Wenn dein Partner Eigenschaften oder Faktoren in die Beziehung einbringen muss, die dir fehlen, dann wirst du von ihm abhängig. In einer Beziehung treffen nicht zwei halbe Portionen zu einer Einheit zusammen. Vielmehr ist wichtig, dass zwei erwachsene Persönlichkeiten sich zu einer reifen Beziehung auf Augenhöhe zusammenfinden. Nur wenn keine gegenseitige Abhängigkeit besteht, ist die Beziehung freiwillig und ohne Zwänge. Dann kann sie sich entwickeln und für beide eine Bereicherung sein.

AUFGABE:

Wenn du weißt, was du von einer Beziehung erwartest, solltest du dich auch fragen, was du geben möchtest, um eure Beziehung zu pflegen. Welche Ansprüche darf dein Partner an dich stellen? Nimm dir ein paar Minuten Zeit, um deine Erwartungen und deine Bereitschaft zu notieren. Diese Liste wird sich unter Umständen im Laufe der Zeit etwas verändern. Das ist nicht weiter schlimm. Am Ende dieses Kapitels wirst du eine realistische Vorstellung davon haben, wie eine Beziehung zu deinem Traummann aussehen kann.

Jede Beziehung braucht Regeln

Am Anfang einer Beziehung mag niemand an Regeln oder Absprachen denken. Wenn zwei Menschen sich ineinander verlieben, dann gilt für die beiden meist: „Liebe versetzt Berge."

Die Anziehungskraft der beiden ist so groß, dass sie der festen Überzeugung sind, alle Hindernisse und Unterschiede im Handumdrehen aus der Welt schaffen zu können. Jeder der beiden ist begeistert vom anderen. Was auch immer Freunde und Verwandte an dieser Stelle einer neuen Liebe bereits erkennen und hinterfragen, die jung Verliebten sind sich sicher, dass ihre Liebe ihnen das Paradies bescheren wird. Doch schon bald kommen die ersten Fragen auf. Wie viel Zeit soll gemeinsam verbracht werden? Was ist, wenn der Freundeskreis des einen Partners nicht zu dem des anderen passt? Sind Hobbys vorhanden, die auf keinen Fall zusammen gelebt werden können? Diese und andere Fragen können zu Konflikten führen, die einen ersten Schatten auf die neue Liebe werfen. Dieser Punkt ist in jeder Beziehung kritisch. Hier muss hinterfragt werden, ob die Liebe auch den alltäglichen Anforderungen standhalten wird und kann.

Freiheit muss mit Geduld einhergehen

An diesem Punkt wird die Freiheit, die moderne Menschen haben, zu einem Risiko. Viele bringen nicht die nötige Geduld auf, um auch in schwierigen Phase zu ihrem Wunsch nach Beziehung zu stehen. Viel zu schnell wird das Handtuch geworfen, denn das Singleleben hat schließlich auch Vorteile. Wenn du geduldig bist und dir bewusst ist, dass diese Phase der Findung zum Aufbau einer stabilen Beziehung gehört, hast du gute Chancen, deine Beziehung auf eine feste Basis zu stellen.

Bleib dir selbst treu

Es geht darum, gemeinsame Regeln für eine Zweisamkeit aufzustellen. Du hast dich bereits intensiv damit befasst, was du von einer festen Partnerschaft erwarten willst. Diese Erwartungen sollten sich in den Regeln widerspiegeln. Es hilft nämlich wenig, wenn du erwartest, dass ihr eure Wochenenden zu zweit verbringt, der Angebetete aber in einer Fußballmannschaft spielt. Mach dir spätestens in dieser Phase der Beziehung bewusst, ob er der richtige Partner für dich sein kann. Überzogene Toleranz kann dazu führen, dass deine Erwartungen unerfüllt bleiben. Das geht auf Dauer nicht gut und du wirst unglücklich. Auch die größte Liebe ist nur dann ein Genuss, wenn du dir selbst treu bleiben kannst. Es ist vollkommen sinnlos, dich zu verbiegen, damit du einen Partner hast. Ebenso wenig sinnvoll ist es, dieses Verbiegen vom anderen zu erwarten. Menschen können sich nicht grundlegend verändern. Nach einer Weile der Selbstverleugnung geht der Schuss nach hinten los. Eure Vereinbarungen sollten also mit deiner Persönlichkeit und deinem grundsätzlichen Lebenskonzept harmonieren. Alles andere hat keinen Sinn und wird nicht lange halten.

Behalte das Ruder in der Hand

Frauen neigen dazu, sich zu sehr anzupassen. Durch Prägung und Konditionierung sind viele Frauen dazu erzogen, eher duldsam zu sein. Noch immer gibt es Frauen, die sich in einer Beziehung den Regeln des Partners unterordnen. Das macht unglücklich. Die folgenden Schritte können dir dabei helfen, dich auch in einer Beziehung zu behaupten und nicht zu früh nachzugeben. Hier kommen auch die Vorteile zum Tragen, die in deinem neuen Selbstwertgefühl und in deiner inneren Sicherheit begründet liegen. Nun wird dir bewusst, warum du in den vorhergehenden Kapiteln so intensiv an dir selbst gearbeitet hast. Die bisherige Theorie wird jetzt in die Praxis umgesetzt und auf ihre Wirksamkeit überprüft.

WAS MUSS? WAS KANN?

Mach dir bewusst, welche Erwartungen für dich auf jeden Fall erfüllt werden müssen und wo du Kompromisse schließen kannst. Nicht jeder Wunsch an deinen zukünftigen Partner ist gleich wichtig. Aber es gibt Bedingungen, von denen du nicht abweichen kannst. Das ist bei jedem Menschen anders. Ergründe diese Faktoren. So kann zum Beispiel die eine Frau mit einem Mann ohne Kinder leben, während eine andere die Familiengründung für sehr bedeutsam hält. Eine Frau braucht einen Mann, der beruflichen Ehrgeiz zeigt, eine andere kann sich auch ein Leben mit einem Hausmann vorstellen. Eine dritte Frau ist in diesen Punkten sehr tolerant, dafür braucht sie aber einen Partner, mit dem sie gemeinsam Fernreisen unternehmen kann. Sie kann hier keine Kompromisse eingehen. Was nicht geht, das geht einfach nicht. Erkenne rechtzeitig, wo deine Grenzen liegen und wo du Verhandlungsspielraum für dich selbst hast. Halte dir stets vor Augen, dass du dir treu bleiben willst, denn dich selbst zu verraten, nur um einem Mann zu gefallen, ist eine schlechte Strategie, wenn du ein glückliches Leben und eine glückliche Beziehung erreichen willst.

Die Erwartungen an eine Liebesbeziehung sind zwar von Mensch zu Mensch verschieden, betreffen aber meist ähnliche Aspekte. Wie viele der folgenden elf Aussagen treffen auf dich zu? Auch wenn der eine oder andere Punkt für dich nicht wichtig sein sollte, sagt das etwas über dich und deine Vorstellungen aus. So gewinnst du eine noch tiefere Erkenntnis über deine eigenen Bedürfnisse und Wunschvorstellungen.

Du wünschst dir Bestätigung für deine individuellen Eigenarten.

Menschen sind Individuen. Die meisten Persönlichkeiten zeichnen sich durch kleine oder größere Ticks und Macken aus. In einer Beziehung ist es sehr wohltuend, wenn der Partner dir das Gefühl gibt, dass er gerade diese kleinen, individuellen Eigenheiten an dir liebt und gut mit ihnen zu leben versteht. Stell dir vor, du bist eine von den Frauen, die stundenlang vor dem Kleiderschrank stehen und nie das passende Outfit finden. Wie schön ist es, wenn dein Partner dich liebevoll in den Arm nimmt und dir seine Hilfe bei der Auswahl anbietet. Oder du hast Angst vor Spinnen. Sicher ist das eine individuelle Eigenart. Besonders schön ist, wenn dein Partner die Krabbeltiere schon aus dem Haus trägt, bevor du sie entdecken kannst.

Du suchst nach Verständnis für dein Verhalten.

Zu deiner Individualität gehört auch dein Verhalten. Ein Partner, der dich liebt, wird dein Verhalten verstehen wollen. Er wird nicht genervt den Kopf schütteln, wenn du vor der Arbeit eine Stunde früher aufstehst, weil du unbedingt noch die Wohnung putzen willst. Er wird deine Motivation nicht hinterfragen, sondern Verständnis zeigen. Das gibt dir das Gefühl, dass du genau so, wie du bist, richtig bist. Eine schönere Liebeserklärung ist kaum möglich. Das bedeutet allerdings nicht, dass dein Partner alles, was er verstehen kann, auch gut finden muss. Es bedeutet nur, dass er Verständnis zeigt, selbst wenn er Kritik an deinem Verhalten übt. Um einen Partner zu finden, der Verständnis für dich zeigt, brauchst du die Fähigkeiten, die du zu Beginn des Buches geübt hast. Dein Partner wird dich nicht besser behandeln als du dich selbst. Deine Authentizität, dein Selbstbewusstsein und dein Selbstvertrauen entscheiden darüber, wie ernst dein Partner dich nehmen kann.

Du brauchst emotionale Zuwendung und Anteilnahme.

Partner punkten durch Gefühle. Wenn du traurig bist, wird dein Traumpartner deine Traurigkeit wahrnehmen und mit dir teilen. Auch deine Freude wird nicht spurlos an ihm vorbeiziehen, sondern er wird sich mit dir gemeinsam freuen. Schließlich geht ihr beide nicht nur eine Alltagsbeziehung ein. Liebende Partner wollen die Gefühle des anderen Partners kennen und daran teilhaben. Ein Mensch, der die Gefühle des anderen nicht wahrnimmt oder für falsch oder unwichtig hält, kann kein guter Partner sein. Dazu gehört auch, dass dein Partner dir positive Gefühle ermöglichen will. Er wird dich hin und wieder erfreuen wollen und dafür sorgen, dass du bei Bedarf Trost findest.

Du sehnst dich nach körperlicher Nähe und Zärtlichkeit.

Menschen brauchen Streicheleinheiten. Darin unterscheiden sie sich kaum von anderen Säugetieren. Dieses Bedürfnis hört nie auf. Die meisten Menschen wünschen sich von einer Beziehung, dass neben der emotionalen Nähe auch die körperlichen Zuwendungen gesichert sind. Eine kleine Umarmung, ein Kuss zum Abschied und das Händchenhalten beim Spaziergang gehören dazu. Je nachdem welcher Typ du bist, brauchst du mehr oder weniger körperliche Nähe und Zärtlichkeit. In diesem Punkt solltest du mit deinem Partner übereinstimmen, denn sonst fühlt sich einer von euch belästigt, während der andere mit unerfüllten Bedürfnissen leben muss.

Du möchtest begehrt werden und sexuelle Leidenschaft erleben.

Sexualität ist sehr wichtig für eine glückliche Beziehung. Dabei kommt es nicht darauf an, wie oft oder auf welche Art ein Paar Sex hat. Vielmehr ist wichtig, dass beide das bekommen, was sie brauchen. Doch auch beim Sex sind Menschen unterschiedlich. Manche können kaum genug davon bekommen, andere sind eher spartanisch in ihren sexuellen Bedürfnissen. Obwohl viele sich scheuen, über Sex zu reden, ist das Thema sehr entscheidend für das Glück in einer Beziehung. Mach dir also deine Bedürfnisse klar, bevor du festlegen kannst, welche Erwartungen du an den Sex in deiner Beziehung hast.

Du willst gemeinsame Zukunftsvorstellungen entwickeln

Am Anfang einer neuen Beziehung schauen sich die beiden verliebten Partner immer wieder gern in die Augen. Später sollten sie lernen, in eine gemeinsame Zukunft zu blicken. Denn gemeinsame Zukunftsvorstellungen sind eine Perspektive, die der Beziehung Kraft geben kann. Gemeinsame Vorstellungen binden beide Partner aneinander und an die Beziehung. Früher waren diese Zukunftsgedanken vollkommen selbstverständlich. Man suchte eine Wohnung, bekam Kinder und zog sie gemeinsam groß. Manche Paare bauten ein Haus, andere pflegten ihren Schrebergarten. Beide wollten das Rentenalter erreichen und Freude an den Enkeln haben. In der heutigen Zeit sind die Möglichkeiten der Zukunftsgestaltung immens gewachsen. Es ist wichtig, sich darüber im Klaren zu sein, wohin der gemeinsame Weg sich wenden soll.

Du suchst gemeinsame Lebensprojekte.

Genau wie eine gemeinsame Orientierung in Richtung Zukunft muss es auch gemeinsame Inhalte für die Gegenwart geben. Auch hier stimmt wieder, dass früher alles leichter war. Die wenigsten modernen Menschen sind mit Job und Familie zufrieden. Manche haben auch beides nicht oder eben nur den Beruf bzw. nur die Familie. Trotzdem will ein Paar etwas zusammen schaffen. Das ist der Beweis dafür, dass es als Team gut harmoniert, sich ergänzt und versteht. Wenn du deine Möglichkeiten kennst, kannst du schnell herausfinden, ob dich und deinen Traumprinzen gemeinsame Inhalte verbinden können.

Du möchtest Unterstützung für deinen Alltag bekommen.

Selbst wenn du überzeugt bist, deinen Alltag mit all seinen Anforderungen bestens zu meistern, ist es doch hin und wieder mühsam. Und wenn du Wert darauf legst, dass dein Partner seinen Alltag selbstständig meistern kann, so gibt es dennoch ein Gefühl gegenseitigen Wohlwollens, das eine Beziehung schön und glücklich macht. Deshalb ist es vollkommen in Ordnung, wenn du dir von deinem Partner wünschst, dass er dich ein wenig unterstützt, wenn du ihn brauchst. Das kann bei Renovierungen im Haus sein oder bei der Bürokratie. Manche mögen es auch, bekocht zu werden und andere wünschen sich, der Partner möge seinen grünen Daumen einsetzen. Wer nicht bereit ist, für seinen Partner Zeit aufzuwenden und ihn bei seinen alltäglichen Herausforderungen zu unterstützen, wird nicht lange in einer glücklichen Beziehung sein.

Du wünschst dir gegenseitige materielle Absicherung.

Irgendwann muss jeder Mensch über das liebe Geld nachdenken. Die Erwartungen an eine Beziehung haben auch eine materielle Komponente. Darüber, ob du einen Partner suchst, der dich wirtschaftlich absichern kann, musst du dir im Vorfeld klar sein. Denke ebenso darüber nach, ob du deinem Partner eine finanzielle Absicherung bieten möchtest. Und selbst wenn du möchtest, dass ihr beide unabhängig seid, was ist im Notfall? Jedes Paar muss hier genau die Lösung finden, die zu den Vorstellungen beider Partner passen. Wichtig ist, dass vorher darüber gesprochen wird, bevor es hinterher böse Überraschungen und enttäuschte Erwartungen gibt.

Du findest gemeinsame Freizeitinteressen wichtig

Ein Paar möchte im Normalfall Zeit miteinander verbringen. Dafür sind gemeinsame Interessen von großer Bedeutung. Schließlich ist es nicht befriedigend, wenn er sie zwar zum Volleyballturnier begleitet, dann allerdings nur in sein Smartphone schaut. Es macht ihm auch keine Freude, von ihr ins Museum begleitet zu werden, wenn sie bei jedem Gemälde ihr Unverständnis und Desinteresse für moderne Kunst lautstark herausposaunt. Welche Interessen sollte dein Partner mit dir teilen? Und wie viele gemeinsame Interessen sind für dich wichtig?

Du legst Wert auf gemeinsame Ansichten und Einstellungen.

Politische und gesellschaftliche Ansichten können bei zwei Menschen sehr unterschiedlich sein. Manche Ansichten können toleriert werden, andere Ansichten stoßen auf Ablehnung. Auch hier gilt zu erkennen, was indiskutabel ist und wo Kompromisse geschlossen werden können. Wenn nicht zumindest eine Übereinstimmung in den grundlegenden Fragen der Weltanschauung vorhanden ist, wird eine glückliche Beziehung unter Umständen von hitzigen Debatten und Konflikten überschattet. Prüfe dich selbst, bevor du mit deinem zukünftigen Partner über eure Vorstellungen sprichst.

WENN VON EINER BEZIEHUNG ZU VIEL ERWARTET WIRD

Wir wollen heutzutage alles mit einer einzigen Person. Wir wollen Bestätigung, Verständnis für das eigene Verhalten, emotionale Zuwendung, körperliche Nähe und Zärtlichkeit, sexuelle Leidenschaft, gemeinsame Zukunftsvorstellungen und Lebensprojekte. Außerdem soll der Partner unsere Ansichten teilen und vielleicht auch noch immer verfügbar sein, wenn wir ihn brauchen. Geht das überhaupt? In einem solchen Fall scheint der Partner eine universelle Lösung für alle Lebenslagen zu sein. Das ist nicht möglich. Auch dein Traumpartner hat eine eigene Persönlichkeit mit individuellen Einstellungen, Plänen und Wünschen. Die meisten Menschen erwarten viel zu viel von einer Partnerschaft. Daraus entstehen oft Enttäuschungen, die sich auch dadurch bedingen, dass wir unrealistische Erwartungen haben.

Wenn du das Gefühl hast, zu viel von einer Beziehung zu erwarten, kannst du einige Schritte befolgen, die dir helfen, realistisch zu bleiben. Der erste Schritt ist zu erkennen, was deine wirklichen und echten Bedürfnisse sind. Unterscheide sie von dem, was durch fremde Einflüsse zu deinen Wünschen geworden ist. Du wirst durch die Überprüfung deiner Erwartungen schon einige Vorstellungen verändern.

Ein zweiter Schritt ist, dir bewusst zu machen, was du selbst für dich und dein Leben verwirklichen kannst. Wenn du den Umgang mit dir selbst verbesserst, ist dein Partner entlastet. Ein Beispiel lässt diesen Schritt deutlicher werden. Stell dir vor, du wünschst dir nach Feierabend liebevolle Zuwendung von deinem Partner. Er hat aber das Bedürfnis, einmal oder zweimal in der Woche zum Sport zu gehen. Du kannst es ihm zwar nicht verbieten, fühlst dich aber vernachlässigt. Dieses Problem kannst du lösen, indem du Eigenverantwortung für dich selbst übernimmst. Gib dir selbst liebevolle Zuwendung. Plane für die Abende, an denen dein Partner beim Sport ist, einen gemütlichen Serienmarathon oder triff dich mit einer Freundin. Erwarte nicht von deinem Partner, dass er all deine Bedürfnisse erfüllen kann. Das gilt auch für individuelle Interessen. Wenn du gern philosophierst und dein Partner dir in diesem Bereich nicht zur Verfügung steht, dann tritt einem Club bei oder such dir Gleichgesinnte. Es tut gut, für sich selbst sorgen zu können. Das stärkt das Selbstvertrauen und das Selbstbewusstsein. Du solltest dir immer auch selbst ein guter Partner sein, damit eure Beziehung nicht zu sehr strapaziert wird. Das Wichtigste ist, dass deine Beziehung auf realistischen Erwartungen beruht und sich nicht als Luftschloss erweist, weil du unrealistische Vorstellungen hattest.

DIE DREI FORMEN DER LIEBE

Liebe ist nicht gleich Liebe. Schon die alten Griechen wussten das und hatten sogar verschiedene Begriffe für unterschiedliche Ausprägungen des Gefühls „Liebe“. Sie unterteilten Liebe in „partnerschaftliche Liebe“, „freundschaftliche Liebe“ und „leidenschaftliche Liebe“. Je nach gesellschaftlicher Realität stand auch in Beziehungen mal die eine und mal die andere Form im Vordergrund. Welche Form der Liebe du in deiner Beziehung vordergründig finden möchtest, hängt auch von deiner Persönlichkeit ab.

PARTNERSCHAFTLICHE LIEBE

Heutzutage haben viele Menschen das Gefühl, dass Beziehungen weniger lange halten und wir alle „beziehungsunfähiger“ geworden sind. Diese Annahme hat den Hintergrund, dass in früheren Zeiten Ehen und Liebe einen anderen Sinn hatten. Wie schon erwähnt, spielten wirtschaftliche Erwägungen eine größere Rolle, weshalb Ehen auch heute noch viele Regeln und Verpflichtungen mit sich bringen. Deshalb musste ein partnerschaftlicher Umgang zwischen den Partnern herrschen. Erst die Romantik hat eine neue Komponente ins Spiel der Beziehungen gebracht. Im Laufe der Zeit haben wir die Freiheit dazugewonnen, uns einen Partner aus anderen als finanziellen Motiven suchen zu können. Heutzutage haben wir die Möglichkeit, Beziehungen aus Liebe einzugehen.

Der Grund, warum wir heute mehr Scheidungen sehen als früher, beruht auf der sehr einfachen Tatsache, dass es heute einfacher ist, sich zu scheiden zu lassen, als je zuvor. Wir haben andere Ansprüche an Beziehungen. Männer und Frauen sind nicht mehr auf eine Beziehung und Ehe angewiesen, um zu überleben. Daraus ergibt sich, dass wir einen großen Wert auf Harmonie und Wohlgefühl legen können. Wir sehen den Sinn einer Beziehung nicht mehr darin, gemeinsam den Alltag zu bewältigen, sondern in der gegenseitigen Liebe zwischen Partnern. Wir wollen weniger versorgt werden. Stattdessen erwarten wir, geliebt zu werden.

Auch wenn zwei vollkommen selbstständige Individuen eine feste Beziehung eingehen, ist der partnerschaftliche Aspekt der Liebe nicht zu verachten. Selbst dann, wenn beide ihre eigene Wohnung behalten und Heirat und Kinder nicht geplant sind, wird es immer wieder Situationen geben, in denen die partnerschaftliche Liebe gefragt ist. Das könnte zum Beispiel der Fall sein, wenn beide sich gemeinsam Werte schaffen wollen. Ein Dauerplatz für den Wohnwagen oder eine Ferienwohnung sollte genauso partnerschaftlich erarbeitet werden wie ein Abzeichen im Tanzsport oder eine gemeinsame Klettertour in den Alpen. Es kann immer wieder zu Anforderungen kommen, bei denen die Partner aufeinander angewiesen sind. Wer dazu in der Lage ist, partnerschaftlich zu lieben, meistert solche schwierigen Situationen viel leichter als ein Mensch, der nur allein und nicht im Team handeln kann. Die partnerschaftliche Liebe sorgt für ein stabiles Gleichgewicht in der Partnerschaft.

Freundschaftliche Liebe

Freundschaftliche Liebe beruht sehr auf Gemeinsamkeiten und gleichen Interessen. Mit Freunden tauschen wir uns aus. Es geht um die gegenseitige Bestätigung des Wesens. Freunde fördern sich gegenseitig und fordern sich heraus. Damit leisten unsere Freunde einen wichtigen Beitrag für unsere Entwicklung. Anziehung sorgt dafür, dass man zusammenkommt, und Gemeinsamkeiten sorgen für die Stabilität und dafür, dass man auf lange Zeit zusammenbleibt. Man muss in jeder Beziehung die Balance zwischen Anziehung und Stabilität finden. Das bedeutet, dass man sich zwar vertraut sein, sich aber nicht gegenseitig zur Gewohnheit werden darf.

Tipp: Wenn du und dein Partner euch zu vertraut seid, dann macht euch das Geschenk, einander vermissen zu können. Geht in getrennte Kinofilme oder nehmt euch einen getrennten Urlaub vor. Das kann helfen, die Anziehung wieder zu erhöhen.

Leidenschaftliche Liebe

In der leidenschaftlichen Liebe geht es viel um die Themen Sexualität und Anziehung. Diese Art der Liebe ist meist am Anfang der Beziehung sehr stark, weil alles noch unbekannt und unsicher ist. Je sicherer man sich seines Partners ist, desto weniger Leidenschaft besteht in der Beziehung. (Leidenschaft beruht auf Unbekanntem und Unsicherheit). Wenn du dir von deinem Partner wünschst, dass er im Alltag verlässlich und immer für dich da ist, dann musst du bereit dafür sein, dass die Leidenschaft mit der Zeit weniger wird. Das Problem ist, dass Partner in der heutigen Zeit alles auf einmal wollen und dann enttäuscht sind, wenn es nicht funktioniert.

In einer Beziehung sind zwar meist alle Arten der Liebe vorhanden, sie sind jedoch nicht alle gleich stark. Das liegt auf der einen Seite an den unterschiedlichen Bedürfnissen und Erwartungen der beiden Partner. Doch auch ein Wechsel von Lebenssituationen ruft verschiedene Liebesarten hervor. So kann der Urlaub in einer romantischen Berghütte die Leidenschaft neu entfachen. Wird ein Kind krank oder steht ein Umzug an, könnte die partnerschaftliche Liebe im Vordergrund stehen. Wenn beide Partner gerade sehr mit ihrer Karriere befasst sind, wird die freundschaftliche Liebe besonders intensiv gefordert sein. Dabei ist zu beachten, dass auch der individuelle Mensch nicht auf allen drei Ebenen gleich stark ist. Doch wenn dein Interesse an einer festen Beziehung realistisch ist, wirst du das akzeptieren können. Du kannst nicht alle Arten der Liebe stark ausbauen. Es wird Momente geben, in denen man in einer Partnerschaft nicht in der Lage ist, all das zu bekommen, was man sich wünscht. Du musst dir überlegen, auf welche Art der Liebe du in der eigenen Partnerschaft den Fokus legen willst. Manche Paare kommen gut damit zurecht, dass ein Partner für die Leidenschaft und der andere mehr für die Partnerschaft zuständig ist. Das kann sehr gut funktionieren, doch ein solches Miteinander braucht eine lange Zeit des Reifens und basiert auf gegenseitigem Vertrauen.

DIE FÜNF STUFEN DES VERTRAUENS

Vertrauen ist eine wichtige Grundlage für eine Beziehung, die auch schweren Zeiten stabil sein soll. Dabei ist sehr wichtig, am eigenen Vertrauen in den Partner zu arbeiten. Überlege dir, ob du vertrauen kannst und willst. Erst, wenn du dir sicher bist, den Mut aufzubringen, der wichtig für Vertrauen ist, kannst du dich auf das Abenteuer Bindung einlassen.

Vertrauen wird in einer Partnerschaft in einem Fünf-Schritte-Prozess aufgebaut. Es ist eine Bedingung, die in einer Beziehung unbedingt erfüllt sein muss, wenn die Beziehung glücklich sein und lange halten soll. Dabei spielt eine Rolle, dass du deinem Partner vertrauen kannst und gleichzeitig vertrauenswürdig bist. Den meisten Frauen fällt es schwerer zu vertrauen. Es hat etwas mit Hingabe und Loslassen zu tun. Gerade, wenn eine Frau bereits negative Erfahrungen mit Beziehungen gemacht hat, kann das Vertrauen ihr schwerfallen. Doch der Partner hat keine Schuld an der Vergangenheit seiner Partnerin. Er braucht ihr Vertrauen auch, weil es Wertschätzung bedeutet.

Misstrauen dagegen zersetzt eine Beziehung, auch wenn die Liebe noch so groß ist. Der, dem misstraut wird, fühlt sich ungerecht behandelt. Das ist keine Basis für eine gesunde Partnerschaft. Misstrauen macht viel kaputt, was auf emotionaler Ebene sehr schön sein könnte.

Selbstverständlich kannst du diese fünf Schritte nicht einfach abarbeiten und schon ist Vertrauen vorhanden. Doch du kannst Vertrauen üben. Nach und nach werden deine positiven Erfahrungen dich dazu bringen, Vertrauen für selbstverständlich zu halten. Nimm dein Vertrauen in deinen Partner ernst. Wenn du ihm Vertrauen entgegenbringen kannst, wird er das als Ansporn sehen, sich dessen würdig zu erweisen.

1. Selbstverpflichtung

Der erste Schritt auf dem Weg zu tiefem Vertrauen ist eine Selbstverpflichtung. Entscheide dich dazu, dass die Bedürfnisse des Partners an erster Stelle kommen. Das sollte zwischen dir und deinem Partner auf Gegenseitigkeit beruhen. Denn dann kann es nicht passieren, dass der eine sich für den anderen aufopfert und seine eigenen Bedürfnisse nicht mehr berücksichtigt werden. Nur wenn gegenseitiges Wohlwollen herrscht, wird eure Beziehung zum Inhalt haben, dass keiner von euch beiden sich aufgeben muss. Wenn jeder von euch beiden die Erfahrung machen darf, dass der Partner seine Bedürfnisse im Blick hat und nicht immer nur an sich selbst denkt, wird der Umgang entspannter. Ihr beide könnt dann darauf vertrauen, dass ihr euch weder schützen noch verteidigen müsst. Das schafft eine Stimmung voller Vertrauen und Zuversicht. Wenn dein Partner weiß, dass seine Bedürfnisse bei dir vorn anstehen, kann er sich der Beziehung hingeben, ohne Angst vor Verlust zu haben. Er wird dir dafür mit Vertrauen und Zuwendung danken.

2. Herzenssache

Der zweite Schritt beinhaltet, dass die Verbindung zwischen euch direkt aus dem Herzen kommen sollte. Damit ist gemeint, dass zum Aufbau von echtem Vertrauen auch gehört, nicht ständig zu grübeln oder sich zu sorgen. Gib deinem Partner mit deinen eigenen positiven Gedanken und Erwartungen einen gewissen Vorschuss an Vertrauen. Wenn du mit negativen Gedanken und Befürchtungen auf deinen Partner blickst, solltest du dich fragen, warum du ihn für dich ausgewählt hast. Erinnere dich oft und intensiv daran, wie die ersten Wochen eurer Beziehung verlaufen sind. Sicher hast du an einem bestimmten Punkt eures Kennenlernens bedingungslos Ja zu deinem Partner gesagt. Du wusstest bereits, dass er nicht perfekt ist und dass eine Beziehung auch mit Arbeit verbunden ist. Doch du hast diese Beziehung gewollt. Deine Motivation war wahrscheinlich Liebe. Behalte diese Grundmotivation fest im Blick, denn sie ist nicht nur am Anfang, sondern auch im Verlauf der Beziehung das Wichtigste. Vielleicht könnt ihr zu zweit ein Ritual finden, das eure Liebe zum Inhalt hat. Einmal im Monat Fotos anschauen oder ein Tagebuch über eure gemeinsamen Erlebnisse zu führen könnte ein guter Weg sein, das Herz nicht zu weit zurückzustellen, wenn der Alltag ruft.

3. Kommunikation

Der dritte Schritt betrifft eure Kommunikation. Es geht um tiefes Verständnis. Versuche, deine eigene Meinung zunächst hinten anzustellen und wirklich zuzuhören. Bleibe mit deinen Gedanken konzentriert bei deinem Partner. Auf diese Art zeigst du, dass du seine Meinung und seine Aussage wertschätzt. Erst wenn du wirklich weißt, wie sein Standpunkt ist, kannst du ihm ein ehrliches Feedback geben. Du weißt, wie wenig sympathisch es wirkt, wenn du deinem Partner deine eigene Meinung aufzwingen willst. Dabei schadest du nicht nur deinem Partner, sondern auf lange Sicht auch dir selbst. Wenn dein Partner immer nur zu allem Ja und Amen sagt, was du vorbringst, wird er dich irgendwann langweilen und die Beziehung verliert ihren Reiz. Eine lebendige Kommunikation über eure aktuellen Themen ist ein gutes Rezept gegen Langeweile und Gewohnheit. Kommunikation macht einen großen Anteil der Beziehung aus.

Miteinander zu reden und sich dabei aufeinander einzulassen ist eine wichtige Fähigkeit, die beide Partner einbringen sollten. Vermeidet daher, nur zwischen Tür und Angel über Alltagsthemen zu sprechen. Nehmt euch Zeit, in der ihr eure Meinungen zu einem aktuellen Thema austauschen könnt. Vergesst nie, euch an eurer Liebe zu freuen. Mit der Basis einer starken Emotionalität verkraftet ihr gut auch zwei verschiedene Meinungen zu einem Thema.

Kommunikation hat auch dann eine große Bedeutung, wenn unangenehme Situationen anstehen. Es hat viel mit Vertrauen und Ehrlichkeit zu tun, dem anderen auch mitzuteilen, was nicht gut läuft und wo Verletzungen aufgetreten sind.

4. Gemeinsame Orientierung

Im vierten Schritt geht es darum, dass ihr zwei euch gemeinsam ausrichtet. Dafür ist es notwendig, die Wünsche und Bedürfnisse des Partners auch dann zu beachten, wenn er sie nicht immer direkt ausspricht. Je besser ihr euch beide kennt, umso besser gelingt es, sich miteinander auf eine gemeinsame Richtung zu verständigen. Es ist nie der Weg des einen oder der des anderen der richtige.

DER RICHTIGE WEG IST DER, DEN IHR BEIDE GEMEINSAM WÄHLT.

5. Liebe

Der letzte Schritt besteht darin, immer in Liebe auseinanderzugehen. Das gilt besonders für Konfliktsituationen. Macht euch bewusst, dass auch ein Streit zwischen euch zu eurer Liebesbeziehung gehört. Lasst einen Streit nicht den Tag beenden. Selbst wenn ihr euch nicht sofort einigen könnt, nehmt euch kurz in den Arm und versichert euch gegenseitig, wie wichtig euch die Beziehung ist. Den Partner wertschätzen und gemeinsam dankbar dafür sein, dass die Beziehung durch einen Streit wachsen kann, schafft nicht nur Vertrauen zwischen euch beiden, sondern auch Vertrauen in die Beziehung.

DIE SECHS GRUNDREGELN EINER GLÜCKLICHEN BEZIEHUNG

Die meisten Menschen wünschen sich eine Art Anleitung, um eine glückliche Beziehung aufzubauen. Dabei ist wichtig, dass jeder seine eigene Individualität erkennt und zuerst lernt, mit sich selbst umzugehen. Es gibt zwar kein Schema, das allgemeingültig ist, aber es gibt Grundregeln, die in jeder Beziehung gelten sollten.

1. Je besser ihr euch kennt, desto besser funktioniert es. Diese Grundregel bezieht sich in erster Linie darauf, dass beide Partner sich selbst und den Partner kennen sollten. Es gibt einige Faktoren der Persönlichkeit, die beide Partner voneinander wissen sollten. Dazu gehören die Einstellungen zu allgemeinen Fragen des Lebens, die Vorstellungen von der Zukunft und die Werte. Zuerst geht es um das Kennen. Hiermit ist noch nicht gesagt, dass eine vollständige Übereinstimmung herrschen muss. Wenn Partner respektvoll und tolerant miteinander umgehen, lassen sich kleinere Unterschiede überbrücken. Wo gravierende Unterschiede herrschen, kommt ihr wahrscheinlich gar nicht erst in diese Phase der Beziehung. Ein Paar sollte stets daran arbeiten, sein Verständnis vom Leben und der eigenen Person zu verbessern und zu vertiefen.

Nach der Phase der ersten Verliebtheit treten meist auch die Stärken und Schwächen der Partner offen ans Licht. Auch die Schattenseiten eines Menschen gehören zu ihm. Es ist eine hohe Kunst, die Schwächen des Partners zu kennen und ihm das Gefühl zu geben, dass diese Schwächen mitgeliebt werden. Wenn beide Partner wissen, wo der andere die größten Fähigkeiten und Unfähigkeiten hat, können sie eine Beziehung entwickeln, die wie ein gutes Team funktioniert. Dann werden die Stärken beider genutzt, um zusammen erfolgreich zu sein. Um diese Grundregel der Beziehung umzusetzen, solltet ihr viel Zeit miteinander verbringen, in der ihr über euch sprechen könnt. Achtet darauf, dass nicht immer Themen auf dem Tisch sind, die ihr klären müsst. Ein Glas Wein und Musik, die euch beiden gefällt, können dabei helfen zu reden. Das hat eine andere Qualität, als etwas zu besprechen. In diesen Freiräumen, in denen ihr redet, werden sicher Informationen und Meinungen ausgetauscht, die ihr im Trubel des täglichen Miteinanders nicht erfahren hättet.

Viele Paare schätzen den gemeinsamen Urlaub als Möglichkeit, sich gegenseitig wieder neu zu finden. Doch in den meisten

Fällen hat sich in den elf Monaten vor dem Urlaub so viel aufgestaut, dass sich die Spannung entlädt, kaum dass man sein Hotelzimmer bezogen hat. Achtet im Alltag darauf, bei euch zu bleiben, damit ihr euch nicht unnötig weit voneinander entfernt. Es gibt Partnerschaftsspiele, die nach dem Frage-Antwort-Prinzip aufgebaut sind. Diese Spiele ermöglichen auf lockere Art und Weise, sich besser zu verstehen und einander näherzukommen.

2. Lerne, aufrichtig zu verzeihen.

Diese Fähigkeit ist unabdinglich, denn in jeder Beziehung werden Fehler gemacht. Gerade wenn du eine lange Beziehung haben möchtest, bleibt es nicht aus, dass du mal verletzt wirst. Dann musst du in der Lage sein, aufrichtig zu verzeihen und eine Sache WIRKLICH für immer loszulassen. Auf keinen Fall sollte man Verletzung und Wut runterschlucken und sie dann zu einem späteren Zeitpunkt gegen die andere Person verwenden. Was du auch nicht tun solltest: Benutze nicht die Tatsache, dass der andere einen Fehler gemacht hat, als Rechtfertigung dafür, dich selbst unangemessen zu verhalten.

Verzeihen ist nicht immer leicht. Wenn tiefe Verletzungen geschehen sind, fällt Vergebung sehr schwer. Besonders schlimm ist es, wenn Verletzungen wiederholt vorkommen. Das muss nicht in der aktuellen Beziehung sein. Auch Verletzungen aus vorhergegangenen Beziehungen können wieder aufreißen, wenn der Partner versehentlich einen wunden Punkt trifft. Um dir das Verzeihen zu erleichtern, kannst du die folgenden Tipps anwenden.

Lerne zuerst, dir selbst zu vergeben. Menschen, die von sich immer das Optimum erwarten, gehen auch mit anderen nicht immer gnädig um. Wer sich selbst mit einem schlechten Gewissen quält, stellt sehr hohe Ansprüche an seine Umgebung. Wenn du zu den Perfektionisten gehörst, dann lerne, hin und wieder gelassener zu reagieren, wenn du selbst einen Fehler gemacht hast.

Vermische nicht aktuelle und vergangene Gefühle. Wenn du bereits Erfahrungen mit gescheiterten Beziehungen hast, bist du in deiner Vergangenheit sicher schon verletzt worden. Viele Frauen vermischen oder addieren die Verletzungen.

Beim gegenwärtigen Partner läuft das Fass plötzlich über, das andere gefüllt haben. Mach dir bewusst, dass dein Partner deine wunden Punkte nicht kennen kann. Er handelt, wie er es für richtig hält. Deine Beziehungserfahrungen hat er nicht gemacht.

Kläre für dich selbst den Grund für die Verletzung. Manche Verletzbarkeiten sind auf Prägungen und Konditionierungen zurückzuführen, die dein Partner nicht kennen kann und auch nicht zu verantworten hat.

An einem Beispiel lässt sich das gut verdeutlichen. Stell dir vor, Mia ist ein wenig kräftig gebaut. Sie lernt Jan kennen, der sich in sie verliebt. Mia gefällt Jan. Die beiden haben eine sehr schöne Zeit miteinander und entwickeln auf allen Ebenen Nähe und Vertrautheit. Mia ist von ihrer Familie oft gehänselt worden. Die älteren Brüder nannten sie Pummelchen und prophezeiten ihr, dass sie nie einen Mann finden würde. Mia hat diese Verletzungen tief in sich vergraben. Sie hat nie gewagt, Jan darauf anzusprechen, ob ihn ihre Figur auf irgendeine Weise stört. Eines Abends, in einer gemütlichen Situation auf dem Sofa, schauen die beiden einen Film an. Jan streichelt Mia sanft und isst dabei Flips. Mia, die selten nascht, greift mit ihrer Hand in die Schüssel und steckt sich von dem Naschwerk in den Mund. Jan neckt sie: „Oh, jetzt fängt mein Pummelchen auch noch an, mir meine Leckereien wegzuessen." Da er Mia mit jedem Gramm liebt, ist ihm nicht bewusst, dass sie diese Aussage als Kritik an ihrer Figur auffassen könnte. Jeder kann sich vorstellen, was in Mia vorgeht. Jan kann sich ihren Wutausbruch ebenso wenig erklären wie die Tatsache, dass sie Hals über Kopf seine Wohnung verlässt. Erst nachdem Mia zur Ruhe gekommen ist und sich ausgeweint hat, kann sie wieder in Kontakt zu Jan treten. Wenn sie sich den Grund für ihr Verhalten bewusst macht, wird sie ihm erklären können, was geschehen ist. Sicher kann sie ihm schnell verzeihen, dass er sie unabsichtlich verletzt hat. Wenn sie dieses Bewusstsein nicht aufbringt, wird sie Jan nicht verzeihen wollen. Er hat dann eine Wunde wieder aufgerissen, die für Mia zu schmerzlich ist. Je älter ein Mensch ist, umso mehr hat er erlebt. Dementsprechend viele wunde Stellen haben sich angesammelt. Es ist wichtig, zu erkennen, woher die Verletzung rührt und dem

Partner zu verzeihen, wenn er versehentlich Salz in eine alte Wunde gestreut hat.

3. Entdecke deinen Partner immer wieder neu.
Mit der Zeit gewöhnen wir uns an unseren Partner und denken, dass wir ihn kennen. Wenn wir aber bedenken, dass wir uns nicht mal selbst komplett kennen, ist es unrealistisch anzunehmen, dass wir unseren Partner je wirklich kennen können. Gehst du mit dieser Ansicht an die Beziehung heran, dann entdeckst du immer neue Seiten an deinem Partner, die dich begeistern. Im Alltag gehen Veränderungen deines Partners oder deine eigenen oft unbemerkt vor. Menschen sind nicht nur kaum komplett kennenzulernen, sie verändern sich auch im Laufe der Jahre.

Elternschaft, Berufswechsel oder Lebensmitte sind wichtige Stationen im Leben eines Menschen, an denen er sich neu ausrichtet. Da wird der harte Kerl beim Anblick seines ersten Kindes plötzlich butterweich, die sanfte Frau entdeckt in den Wechseljahren ihre männlichen Stärken und der strenge Pädagoge entdeckt nach seiner Umschulung zum Altenpfleger plötzlich eine ganz andere Seite an sich. Es gibt also immer wieder etwas Neues zu entdecken. Eine Beziehung ermöglicht nicht nur viele Erfahrungen, die man allein nicht machen könnte. Sie ist außerdem noch eine abenteuerliche Reise zum inneren Wesen eines anderen Menschen. Wenn ihr beide das Gefühl habt, dass der Alltag immer stärker wird, dann solltet ihr eine neue Kennlernrunde in eure Beziehungszeit einbauen. Hier sind wieder die Partnerschaftsspiele gut geeignet. Ihr könnt euch aber auch Situationen schaffen, die für euch beide neu sind. Lernt euch neu kennen.

Auf einer Klettertour,
Im Rahmen eines Campingurlaubs,
Bei einem Tanzkurs,
In einem Yoga-Hotel
Überall dort, wo ihr neue Erfahrungen macht und euch von einer anderen Seite zeigen müsst.

Wer denkt, er kennt seinen Partner, kann mitunter böse Überraschungen erleben. Es gibt einen Witz von einem älteren Herrn, der seinem besten Freund eines Abends bei einem Glas Wein traurig erzählt. „Ich war 25 Jahre lang glücklich verheiratet, bis meine Frau die Scheidung wollte.“ Dieser kleine Witz erzählt, was geschieht, wenn Partner sich zu sehr aneinander gewöhnen. Durch Gewohnheit kann es zu schweren Fehleinschätzungen kommen. Im schlimmsten Fall hat der Partner längst ein Leben parallel zur Beziehung aufgebaut und ist dem anderen vollkommen entglitten. Immer wieder gibt es Berichte über Partner, die eine Geliebte oder eine Sucht über Jahre hinweg vor dem anderen verheimlichen konnten. Der Partner, der sich nicht mehr gesehen fühlt, wird sich verabschieden, denn niemand möchte übersehen werden. Viele Paare schaffen sich Rituale, die zum Inhalt haben, sich immer wieder neu zu begegnen.

4. Beziehe bei Entscheidungen die Meinung deines Partners mit ein.

Selbstverständlich führt eine Beziehung nicht dazu, dass du keinen Schritt mehr allein gehen darfst. Aber der Partner empfindet mehr Nähe und Vertrauen, wenn du ihn bei Entscheidungen einbeziehst. Selbst Entscheidungen, die nur dich betreffen, kannst du gut mit dem Partner besprechen. Viele Bereiche berühren deinen Partner ohnehin direkt oder indirekt, zum Beispiel Fragen des Berufs und der Freizeitplanung. Stell dir vor, du entscheidest, für sechs Monate in den Schichtdienst zu gehen, weil du den zusätzlichen Verdienst gern für eine neue Couch ausgeben möchtest. Dein Partner wird in seinem Leben einen großen Einschnitt erleben. Eure Rituale und gemeinsame Unternehmungen werden sich verändern müssen. Auch gemeinsame Nächte und gemeinsame Mahlzeiten werden davon berührt werden.

Selbstverständlich ist es dein gutes Recht zu arbeiten, wann und wo du willst. Doch in einer Beziehung sollte sich jede gravierende Entscheidung auf den Partner beziehen. Auch Reisepläne gehören in diesen Bereich. Entscheidungen, die ihr beide oder einer von euch trefft, sollten möglichst immer von beiden getragen werden können.

5. Ein erwachsener Umgang mit Problemen

Es ist wichtig, mit Problemen lösungsorientiert umzugehen. Das bedeutet, dass das Problem auf der Sachebene gesehen werden sollte. Die andere Ebene ist die emotionale Ebene. Hier passieren Verletzungen, Trost, Liebe und alle anderen Gefühle. Ein Paar bewegt sich sehr oft auf der emotionalen Ebene. Es gibt aber auch Fragen, die sachlich und nüchtern gelöst werden müssen. Dazu ist wichtig, dass beide Partner sich um einen Umgang auf Augenhöhe bemühen. Es darf kein Opfer und keinen Täter geben. Beide Partner sind erwachsene Menschen, in deren Umgang oder Kommunikation es zu Störungen gekommen ist. Das ist kein Drama und kann vorkommen.

Jedes gelöste Problem schweißt ein Paar enger zusammen. Letztlich steht das Thema des Konflikts zwischen den beiden. Dabei muss es nicht trennend wirken. Jeder der beiden Partner betrachtet es von seiner Seite aus. Aus diesem Grund sieht jeder der beiden etwas anderes. Es kann sogar vorkommen, dass auf den ersten Blick keine Schnittmenge vorhanden ist. Erfahrene Partner schaffen es, beide Seiten zu einem Ganzen zusammenzufügen. Das ist eine Bereicherung, denn jeder Partner kann ja nur aus seiner eigenen Perspektive auf das Problem schauen. Eine zweite Sichtweise bringt oft Licht ins Dunkel. Dafür muss allerdings die Bereitschaft bestehen, von seinem eigenen Standpunkt abzuweichen und sich neu zu positionieren. Wer starr auf seiner Meinung beharrt, ist wie ein trotziges Kind, das nicht mit sich reden lässt. Es hat sich etwas in den Kopf gesetzt und so soll es sein. Das ist kein erwachsener Umgang mit Problemen. Erwachsene gehen nach folgendem Schema vor: Ich sehe das Problem → Ich löse das Problem. Auf keinen Fall funktioniert die Strategie des Aussitzens. Erwachsen ist auch, ein Problem anzugehen, wenn es auftaucht. Dabei sollte das Problem definiert werden. Viele Paare führen „Stellvertreterkriege“. Sie streiten über den kommenden Sommerurlaub, doch eigentlich liegt ein ganz anderes Problem zugrunde. Es wichtig zu wissen, worin das Konfliktthema besteht.

Ein Beispiel bringt diesen Zusammenhang deutlich hervor: Else ist häufig bei ihrer Mutter, weil diese allein lebt und nicht mehr ganz gesund ist. Leider ist derzeit kein Platz in einem Pflegeheim frei. Marc, Elses Partner, ist enttäuscht darüber, dass Else so selten zu Hause ist. Als Else ihre Mutter zu Weihnachten für drei Tage zu sich nehmen will, wird Marc wütend und wirft Else vor, sich nur um ihre Mutter zu kümmern. Dabei ist das nicht das Thema. Marc wünscht sich von Else, dass sie öfter zu Hause sein möge. Wenn dieses Problem gesehen wird, gibt es bessere Lösungschancen. Die beiden könnten einen Plan machen, der die Bedürfnisse von Marc berücksichtigt. Dieses Beispiel zeigt, dass es wichtig ist, einen möglichst klaren Blick auf das Problem zu haben.

Ein weiteres Beispiel zeigt ein sehr häufiges Problem in vielen Beziehungen. Einer der Partner ist sehr pünktlich/legt großen Wert auf Pünktlichkeit, der andere kommt gerne mal ein paar Minuten zu spät. Dieses Problem hat sich auch in meiner eigenen Beziehung ergeben. Meine Liebste war früher gerne Mal unpünktlich und kam fünfzehn Minuten zu spät. Ich dagegen bin ein Pünktlichkeitsfan und stehe normalerweise mindestens zehn Minuten vor der Zeit am Treffpunkt. Meine zehn Minuten und ihre fünfzehn Minuten ergeben zusammen fünfundzwanzig Minuten, in denen ich warten musste. Inzwischen haben wir uns entschieden, dass jeder seine Auffassung behalten kann. Wir besprechen aber vorher, ob wir ihre lockere Auffassung zum Thema anwenden oder meine etwas enger gefasste. Ich kann inzwischen gelassen sein und sie kann pünktlich sein, wenn es wichtig ist.

In jeder Beziehung gibt es sechs bis acht Probleme, die nicht lösbar sind, weil beide Seiten in diesen Punkten grundlegend andere Ansichten haben. An dieser Stelle ist es wichtig anzuerkennen, dass es zwei verschiedene Seiten gibt. Zwei Wahrheiten.

Jeder Mensch betrachtet eine Angelegenheit durch seinen eigenen Filter. Ihr könnt nicht in jeder Frage den gleichen Filter haben. Eure Filter sind durch all die Jahre geprägt, die ihr bereits hinter euch habt. Eure Lebenserfahrungen, Beziehungserfahrungen und auch das Umfeld haben diese Filter gestaltet. So wird ein Fußballfan, der das Fußballerleben als gute Erinnerung an die Kindheit bewahrt, die WM sehr positiv sehen. Eine Frau, die während jeder WM in ihrem bisherigen Leben mit betrunkenen Männern und wütenden Frauen zu tun hatte, wird dem Sport-Event nicht viel abgewinnen können. Dabei ist Fußball neutral. Es wird zu dem, was der Fan daraus macht.

Jeder Filter zeigt ein Thema etwas oder sogar sehr anders. Du und dein Partner können lernen, die Filter des anderen zu respektieren und seine Meinung als richtig stehen zulassen, auch wenn sie von den eigenen Überzeugungen abweicht.

6. Ihr könnt beide recht haben.

Schon Paul Watzlawick wusste, dass die Wahrheit eine subjektive Angelegenheit ist. Wer welche Wahrheit erkennt, hängt stark davon ab, aus welcher Perspektive der Betreffende auf die Situation blickt. Auch die individuelle Vorgeschichte sowie die Erziehung und viele anderen Faktoren spielen eine große Rolle. Es ist nicht möglich, immer die gleiche Meinung zu vertreten wie der Partner. Es ist aber auch nicht nötig. Durch unterschiedliche Meinungen lernt ihr euch noch besser kennen. Ihr könnt erfahren, wie der andere zu seiner Meinung gekommen ist.

In einer Beziehung können beide recht haben. Das ist letztlich vollkommen unwesentlich, denn es geht in einer Liebesbeziehung nicht um das Recht, sondern um eure Beziehung. Das Ziel, das ihr beide im Blick haben solltet, ist eure Zufriedenheit. Dazu braucht es kein „recht haben“ oder „bestimmen dürfen“. Nehmt es gelassen und mit Humor, wenn ihr zu verschiedenen Themen unterschiedliche Meinungen vertretet. Wenn das betreffende Thema sich auf eure Beziehung auswirkt, wechselt euch einfach ab. Nehmen wir an, einer von euch beiden liebt die Wochenenden auf der Terrasse und ist gern zu Hause. Seiner Meinung nach sollten an einem perfekten Wochenende Ruhe und Entspannung im Vordergrund stehen. Der andere vertritt die Auffassung, dass der beste Ausgleich zum anstrengenden Arbeitsalltag ein Sport- und Kulturwochenende ist. Diese beiden Auffassungen sind kaum unter einen Hut zu bringen. Diskutieren und argumentieren wird hier nicht helfen. Ein Streit wird auch kein Ergebnis bringen. Entweder ihr verbringt die Wochenenden getrennt oder ihr wechselt euch ab. Das kann so aussehen, dass einer von euch am Samstag und der andere am

Sonntag seine Meinung berücksichtigt sieht. Wenn beide Recht haben, dann müssen auch beide zu ihrem Recht kommen. Es lohnt sich nicht, immer auf einen gemeinsamen Nenner hinzuarbeiten.

VERTRAUEN AUFBAUEN

Das Zusammensein mit einem Mann besteht zu nur relativ kleinen Teilen der Zeit aus der Phase der Anziehung; in der restlichen Zeit geht es mehr um das Thema Vertrauen. Anziehung ist das, was uns zusammen bringt - Vertrauen ist das, was uns langfristig zusammen bleiben lässt. Wir brauchen immer beides, jedoch wird der Anziehung allgemein hin ein zu großer Wert zugeschrieben. Anziehung entsteht schnell, aber vergeht auch schnell. Vertrauen ist tiefer, komplexer, langfristiger. Es ist sogar so, dass Vertrauen die Intensität von Anziehung erhöhen kann. Genau wie ein Katalysator. Wer von uns hat noch nicht Gefühle aus mangelndem Vertrauen oder Angst zurückgehalten? Deswegen ist Vertrauen ein enorm großer und entscheidender Faktor. Vertrauen ist ein Begriff, der sich inzwischen durch fast jeden Bereich des täglichen Lebens zieht. Wenn zwei Menschen sich Vertrauen entgegenbringen, sind sie sich sicher, dass sie sich gegenseitig keinen Schaden zufügen werden. Sie können ihre Vorsicht aufgeben. Das ist ein wichtiger Faktor, um Nähe entstehen zu lassen. Ist dieses Vertrauen nicht gegeben, bleibt die Nähe immer mit einem gewissen Vorbehalt behaftet. Es ist schwer, sich hinzugeben, wenn gleichzeitig Misstrauen oder Zweifel und Ängste bestehen. Vertrauen zu können ist ein sehr schönes Gefühl. Gleichzeitig ist es auch etwas, was die meisten Menschen lernen müssen. Viele verlieren die Bereitschaft, einem anderen Menschen zu vertrauen, wenn sie schlechte Erfahrungen gemacht haben. Vertrauen ist immer ein Risiko. Jeder Mensch, der vertraut, geht das Risiko ein, getäuscht zu werden. Es gibt keinerlei Garantie. Vertrauen erfordert Mut. Wer diesen Mut nicht aufbringen will, wird es sehr schwer haben, eine tragfähige Beziehung zu einem Mann aufzubauen.

WAS IST VERTRAUEN

Wir alle kennen die Folgen von echtem Vertrauen. Es bietet

eine tiefe Ruhe und man kann sich einer Person auf einer fundamentalen Ebene öffnen. Doch was genau ist Vertrauen? Ich definiere Vertrauen als den unerschütterlichen Glauben an etwas oder an jemanden. Menschen können einem Hersteller von technischen Geräten vertrauen. Sie können auf das Gesetz vertrauen oder darauf, dass ihr Arbeitgeber sie fair behandelt. Kinder können ihren Eltern vertrauen und Eltern können ihren Kindern vertrauen. Eine Frau kann ihrem Partner vertrauen und ein Mann seiner Partnerin.

„VERTRAUEN IST DER UNERSCHÜTTERLICHE GLAUBE AN ETWAS (WELTSICHT, PERSON, ORGANISATION, PRODUKT)."

WAS IST NOTWENDIG FÜR VERTRAUEN?

Vertrauen entsteht nicht einfach so. Vertrauen ist auch nicht angeboren. Jeder Mensch hat eine individuelle Fähigkeit, anderen Menschen zu vertrauen. Wenn du bisher schlechte Erfahrungen mit Zahnärzten gemacht hast, wirst du dem nächsten Zahnarzt schwer vertrauen können. Hast du dagegen gute Erfahrungen sammeln können, fällt es dir entsprechend leicht, auf dem Zahnarztstuhl den Mund für die Behandlung zu öffnen. Das gilt auch für Männer. Ist deine Vergangenheit von guten Erfahrungen mit Männern geprägt, wird dein nächster Partner einen Vertrauensvorschuss von dir erhalten. Sind deine Erfahrungen dagegen negativ, wirst du ihm von Beginn an ein wenig misstrauen. Das hängt nicht (nur) davon ab, ob dein Partner vertrauenswürdig ist oder nicht. Es hängt von deiner inneren Haltung bzw. Deinen Vorannahmen ab. Nicht nur schlechte Erfahrungen in früheren Partnerschaften können es dir schwer machen zu vertrauen. Auch fehlendes Vertrauen im Elternhaus, auf der Arbeit oder in anderen sozialen Kontexten, kann sich negativ auf deine Fähigkeit anderen und dem Leben zu vertrauen auswirken. Um eine vertrauensvolle Beziehung entstehen zu lassen ist es wichtig, dass du deinen neuen Partner nicht bereits vorverurteilst und dich stattdessen dafür öffnest wirklich Gefühle zu zulassen. Übertrage deine Erfahrungen mit anderen

Männern nicht auf ihn. Sei selbst eine vertrauensvolle Partnerin, damit nicht nur du ihm, sondern auch er dir vertrauen kann.

Nachvollziehbarkeit schafft Vertrauen

Jemand kann dir vertrauen, wenn er weiß, dass dein spezielles Verhalten in einem bestimmten Kontext sinnvoll ist. „Ah ja, das passt zu der Person. So ist sie. So nehme ich sie wahr." Wenn du dich deinem Traummann gegenüber als treu und zuverlässig präsentierst, wird er dir auch dann vertrauen schenken können, wenn du abends noch mit ein paar Arbeitskollegen in eine Bar gehst. Er nimmt dich als authentische und vertrauensvolle Person war und vertraut dir deshalb in unterschiedlichsten Kontexten. Hier spricht man von Kohärenz. Das, was ein Mensch sagt, muss zu dem passen, was er handelt. Wenn immer wieder die Frage auftaucht: „Warum tut sie das?", wird dein Partner es nicht leicht haben, dir zu vertrauen. Durch das fehlende Vertrauen wird die Beziehung sehr anstrengend für ihn. Er wird ständig Zweifel an dir oder deiner Integrität haben und sich niemals wirklich sicher mit dir fühlen. Hier wird deutlich, dass Vertrauen auch mit Sicherheit zu tun hat, einem Grundbedürfnis jeder Beziehung.

Vertrauen ist eine Grundbedingung für eine Bindung

Ohne Vertrauen wirst du niemals eine lang anhaltende tiefe Partnerschaft mit einem Mann haben können. Wenn ihr beide entscheidet, eine feste Beziehung aufzubauen, sollte die Frage des Vertrauens ganz vorn stehen. Dabei geht es nicht darum, ob er dein Vertrauen verdient hat. Das kannst du am Anfang einer Beziehung nicht wissen. Es geht vielmehr darum, ob du bereit und willens bist, ihm Vertrauen zu schenken. Das Problem fängt schon an der Stelle an, an der du negative Einstellungen gegenüber Männern hast. Kennst du die folgenden Aussagen? „Männer gehen immer fremd", „Männer wollen immer nur das Eine". Wenn das so ist, dann solltest du dich ganz genau überprüfen, ob diese Aussagen für dich einen Wahrheitsgehalt haben. Es handelt sich hier um Vorurteile, die nichts anderes wert sind, als dass sie abgedroschene und fade Klischees bedienen. Darüber hinaus sind diese Aussagen schlicht falsch. Es gibt Männer und Frauen, die fremdgehen und andere, die treu sind. Es gibt Männer und Frauen, denen es nur darum geht, sexuelle Eroberungen zu machen, während andere nach einer dauerhaften Bindung suchen.

Nutzt du diese Klischees als Leitfaden für deinen Beziehungsaufbau, werden sie dein Vorhaben verhindern. Du wirst dich ihm gegenüber distanziert und kühl verhalten. Das wird er vielleicht einige Zeit spannend finden und sich besonders viel Mühe geben. Doch regelmäßig höre ich von Frauen, dass der Mann ziemlich genau in dem Moment das Interesse verlor, als sie ihn doch endlich haben wollte. Wobei es bei genauerer Betrachtung meist eher so ist, dass der Mann irgendwann die Hoffnung verliert und sich distanziert. Dadurch fällt viel Wertschätzung und Aufmerksamkeit bei der Frau weg. Da sie sich zu dem Zeitpunkt bereits an Selbige gewöhnt hat, stellt sie plötzlich fest, wie toll der Mann doch eigentlich war und das sie nun bereit für eine feste Beziehung mit ihm ist. Doch dann ist es oftmals leider schon zu spät und die wunden im Herz des Mannes zu groß. Die Beziehung ist von Beginn an viel zu sehr belastet, um sich entfalten zu können. Deine Einstellung zum Mann deiner Träume sollte von Vertrauen, Wertschätzung, Wohlwollen und Liebe geprägt sein. Denn wenn du gleich mit (inneren) Unterstellungen & Verurteilungen daherkommst, wird sich das kein emotional gesunder Mann dauerhaft antun wollen.

Jeder Mensch tut alle Dinge immer mit einer positiven Absicht.

Jedes Gefühl, jeder Gedanke, jede Handlung hat eine positive Absicht, die ihr zu Grund liegt. Selbst wenn mir jemand meine Geldbörse klaut. Ich gehe sogar noch weiter und behaupte, dass jede Handlung immer die beste ist, die jemand tun kann. Zumindest in Anbetracht seiner Möglichkeiten, Erfahrungen, Zielsetzungen, Informationen und all der Dinge, die noch in seine Entscheidung mit einfliessen. Diese Art zu denken verwirrt viele Menschen, wenn ich ihnen das erste Mal davon erzähle. Lass mich erklären. Jede Handlung, jedes Gefühl und jeder Gedanken ist der/die beste, die wir haben können und hat eine positive Absicht, die ihm/ihr zugrunde liegt. Wenn mir ein jemand meine Geldbörse klaut, ist das für mich zwar sehr ungünstig aber der Dieb verfolgt damit eine positive Absicht. Aus seiner Sicht ist es gerade wichtig Geld für Drogen, Spielsucht, Essen oder sonstiges zu bekommen. Wenn er einen besseren Weg kennen würde, dieses Ziel zu erreichen, würde er ihn gehen. Er sieht momentan nur keinen. Das heißt natürlich nicht, dass ich aus meiner Sicht das Ganze positiv finden muss oder dass es keinen anderen Weg gibt. Es heißt lediglich, dass es aus der Sicht des Diebes eine positive Absicht und keinen besseren Weg gibt. Natürlich ist das ein extrem Beispiel aber diese Sichtweise funktioniert auch in weniger dramatischen Kontexten. Wenn meine Mutter zum Beispiel nicht will, dass ich aus meiner Heimatstadt nach Berlin ziehe. Dann nerven mich die Debatten über meinen Umzug eventuell, aber wenn ich mir bewusst mache, dass sie eigentlich eine positive Absicht verfolgt, werde ich dadurch entspannter bleiben können. Wenn man diese Sichtweise hat, dann hilft das, einer Person gegenüber wohlgesonnen zu sein und Vertrauen aufzubauen. Wenn du mit deinem neuen Partner die erste Phase der Verliebtheit hinter euch gelassen hast, kannst du dir sicher sein, dass er dir gegenüber wohlgesonnen und positiv eingestellt sein wird. Er hat sich ebenso in dich verliebt wie du dich in ihn. Ihr beide wollt für den anderen das Beste. Das bedeutet, er hat so gute Absichten mit dir wie du mit ihm. Unterstelle ihm also immer, dass er in bester Absicht handelt. Das ist keine Garantie dafür, keine Fehler zu machen. Er kennt dich nicht genug, um genau zu wissen, was du dir wünschst, was du magst und was dich verletzten könnte. Seine Mühe könnte vollkommen ins Leere laufen. Gib ihm die Chance, den richtigen Umgang mit dir lernen.

Selbsterfüllende Prophezeiung

Wenn du Erwartungen an deinen Traummann hast, dann sollten diese positiv sein. Denn mit unseren negativen Erwartungen oder gar Ängsten ziehen wir meist negative Ergebnisse an. Geh unbeschwert auf ihn zu. Er hat Interesse an dir und du gefällst ihm. Warum sollte er schlechte Absichten haben? Bis auf wenige Ausnahmen sind Männer ihren Frauen gegenüber sehr wohlgesonnen und bemüht. Denn auch Männer sind froh, wenn sie ihren Singlestatus aufgeben können. Darüber hinaus gibt es für einen Mann nichts Befriedigenderes als das strahlende Gesicht der glücklichen Frau, die er liebt. Vertrau mir. Wenn er dich glücklich sieht, ist das für ihn wertvoller als alles andere auf der Welt. Doch dazu ist es notwendig, dass er dich in sein Herz lässt und das wird ohne Vertrauen auf beiden Seiten nicht funktionieren.

Wahrnehmungskanäle

Vertrauen zwischen zwei Menschen entsteht, indem sie mit Wertschätzung und Respekt kommunizieren. Am besten funktioniert das, wenn wir empfängerfreundlich kommunizieren. Also so, dass unser gegenüber es gut verstehen kann. Dazu ist es hilfreich auch auf verschiedenen Sinneskanälen zu kommunizieren. Das ist deswegen so wichtig, weil jeder Mensch Dinge verschieden wahrnimmt. Manche Menschen nehmen Liebesbekundungen eher über die Sprache wahr. Sie werden auditive Typen genannt. Andere haben den Schwerpunkt der Wahrnehmung eher auf dem Sehen, sie sind visuelle Typen. Der dritte Wahrnehmungstyp ist darauf ausgerichtet, zu fühlen und zu erleben. Er ist der kinästhetische Typ.

Es könnte also sein, dass ein kinästhetischer Mann auf eine auditive Frau trifft. Obwohl beide wie für einander geschaffen zu sein scheinen, funktioniert die Beziehung nicht richtig. Woran liegt das? Sie verstehen sich in den wichtigsten Fragen und genießen die Zeit, die sie miteinander verbringen. Dabei erkennen sie einige Unterschiede in ihrem Verhalten, die ihnen aber keine Probleme bereiten. Er streichelt sie oft und massiert sie. Das gefällt ihr zwar, aber irgendwie reicht es nicht. Sie sagt ihm oft, dass sie glücklich mit ihm ist, ihn liebt und mit ihm zusammen sein will, aber irgendwie reicht es nicht. Beide sind sich des anderen nicht sicher. Er vermisst körperliche Nähe. Oft fragt er sich, ob sie ihn wirklich liebt, schließlich ist sie für seinen Geschmack körperlich ein wenig distanziert. Sie vermisst romantische Worte und Unterhaltungen über Beziehungsthemen und die Liebe. Obwohl beide mit großer Zuneigung und Respekt miteinander umgehen, entsteht keine Sicherheit. Beide geben sich viel Mühe und kommunizieren in ihrem eigenen System. Dass der andere in diesem System aber deutlich schlechter Empfangen kann beachten sie dabei nicht. Für ihn ist eine 3 Sekunden längere feste Umarmung vielleicht mehr Wert als 15x zu hören, dass sie ihn liebt. Für sie ist zu hören, wie atemberaubend er sie findet vielleicht wertvoller als 8 Massagen. Oftmals können wir mit sehr wenig Aufwand sehr viel erreichen. Wir müssen nur herausfinden in welchem System unser Gegenüber kommuniziert.

AUFGABE:

Überlege dir, auf welchem Sinneskanal es dir wichtig ist, die Gefühle deines Partners wahrzunehmen. Sind es eher Berührungen, Worte, Gesten, Handlungen oder ganz andere Zeichen, die du besonders gut empfangen kannst? Welche Sinnenkanäle sind bei deinem Partner besonders gut ausgebildet? Begegnet euch auf den Kanälen, die der andere bevorzugt. So könnt ihr euch leichter Botschaften der Zuneigung und der Liebe senden. Ihr könnt eure persönlichen Wahrnehmungskanäle sehr gut besser kennenlernen. Frage deinen Partner doch einfach mal, wann er sich besonders stark von dir geliebt fühlt? Wann fühlt er sich voll und ganz angenommen? Respektiert? Anerkannt? Wie sieht es bei dir aus?

Wenn du das weißt, musst du dich ein wenig dran gewöhnen in seinem Kanal zu kommunizieren. Das wird am Anfang vielleicht etwas ungewohnt sein, aber mit der Zeit wird es für dich ganz natürlich werden. Wenn du siehst, wie glücklich du ihn in seinem System machen kannst, wird das sicherlich Motivation, Erinnerung und Belohnung genug sein. Er wird es dir sicherlich gleich tun wollen, wenn du ihm hilfst dich auch besser zu verstehen.

Gemeinsamkeiten

Ein weiterer Weg, Vertrauen zu finden und zu festigen, sind Gemeinsamkeiten. Wenn ihr die gleichen Werte miteinander teilt, wird es euch leichter fallen, den anderen einzuschätzen. Diese Übereinstimmung macht euch vertraut. Es sind Sicherheiten vorhanden, auf denen ihr aufbauen könnt. Gemeinsamkeiten können bspw. in kultureller, sozialer, religiöser oder politischer Hinsicht vorhanden sein. Auch die gleichen Vorlieben beim Einrichtungsstil oder der Ernährungsform schaffen Vertrauen. Es ist ein gutes Gefühl, wenn der andere nicht vollkommen rätselhaft ist. Aus diesem Grund achten Paare auch am Anfang stets auf Übereinstimmungen und freuen sich, wenn sie Gemeinsamkeiten entdecken. Die folgende Übung kann dir helfen, dein eigenes Wertesystem besser zu verstehen.

AUFGABE:

Blicke zurück und schau dir 3 entscheidende Ereignisse deines Lebens an. Welche Werte haben dich zu diesen Ereignissen geführt? Welche Werte haben deine Handlungen inspiriert? Welche Werte haben an diesen essenziellen Wendepunkten in deinem Leben die Entscheidung gebracht? Schreib dir auf, welche Gründe du hattest. Anhand deiner Ergebnisse kannst du sehen, welche Werte dir besonders wichtig waren. Würdest du dich in zukünftigen Situationen anhand derselben oder ähnlicher Werte entscheiden?

Deine Werte zu kennen ist wichtig, um nicht den falschen Mann zum Partner zu wählen. Stell dir vor, dein Wert war überwiegend die Freiheit. Für Freiheit hast du auf Geld verzichtet. Vielleicht war dir deine wirtschaftliche Freiheit auch wichtiger als eine luxuriöse Wohnung in einer guten Wohnlage. Wenn dein zukünftiger Partner eher auf Luxus setzt, dann werdet ihr zusammen vielleicht nicht glücklich werden. Wie würde es sich für dich anfühlen, wenn er, um sein Haus abzuzahlen, auf Urlaubsreisen verzichten möchte, die aber für dich der Inbegriff von Freiheit sind? Natürlich können auch Menschen mit unterschiedlichen Werten gut zusammen passen. Sie müssen dann vielleicht hier und da etwas kreativer in der Lösungsfindung sein aber das muss ja nichts Schlimmes sein.

Finde deshalb auch die Werte deines Partners heraus, indem du ihn nach seinem Leben fragst, und herausfindest, wie er zu den Wendepunkten in seinem Leben kam und was seine Entscheidungen beeinflusst hat.

Nähe schafft Vertrauen

Miteinander Tage und Nächte zu verbringen ist oft hilfreich, wenn nicht sogar notwendig, für den Aufbau von Vertrauen. Das liegt nicht nur daran, dass gemeinsame Zeit Freude bereitet. Wenn ihr Zeit zusammen verbringt, lernt ihr euch nach und nach sehr gut kennen. Das bezieht sich zum Beispiel auf Mimik und Gestik. Nach einer Weile werden sich eure Gesten oder eure Sprache sogar aneinander anpassen. Wenn er beginnt, mit deinen Lieblingssprüchen zu fluchen oder wenn du seine Gestik nutzt, während du den Tisch deckst, dann seid ihr ein gutes Stück näher zusammengewachsen. Doch, um diesen Prozess zu beginnen, müsst ihr euch sehen, spüren, hören … Natürlich müsst ihr keine 24 Stunden am Tag, sieben Tage die Woche, auf einander hängen, aber genug Zeit für einander zu haben ist sicherlich nicht schädlich.

Schwächen sind vertrauenswürdig

Schwächen machen menschlich und oft sogar liebenswert. Wenn sich zwei Menschen gegenseitig ihre Schwächen offenbaren, ist das so, als würde man sich darauf verständigen, Frieden miteinander zu halten. Nur wer nicht vertraut, muss seine Schwächen verbergen. Wer seine Schwächen zeigt, wird verwundbar. Diese Verwundbarkeit ist ein bedeutender Faktor im

Aufbau von Vertrauen.

Auch wenn unser Vertrauen in der Vergangenheit missbraucht oder verletzt wurde, können wir uns ultimativ nicht vor zukünftigen negativen Erfahrungen schützen. Natürlich können und sollten wir einen gewissen Menschenverstand behalten. Allerdings hilft es nicht, wenn wir all unsere Schwächen für uns behalten und immer nur alle Stärken und Erfolge teilen. Bei keinem Menschen läuft immer alles rund. Wir alle haben gute und schlechte Tage. Natürlich sollst du nicht täglich deinen depressiven Ballast aus deinem traurigen Leben auf seinen Schultern abladen aber es heißt nicht umsonst geteiltes Leid ist halbes Leid. Bring ihm also dein Vertrauen entgegen, indem du ihn auch an deinen Regentagen teilhaben lässt.

WIE WIRKST DU VERTRAUENSWÜRDIG?

Vertrauen braucht immer Gegenseitigkeit. Misstrauen ist eine schlechte Basis für eine glückliche Beziehung. Dir sollte daher viel daran liegen, dich vertrauenswürdig zu erweisen. Es gibt Verhaltensweisen, die gut geeignet sind, um eine vertrauensvolle Atmosphäre zu schaffen. Je besser du weißt, welche Verhaltensweisen das sind, umso besser kannst du deinem neuen Partner den Weg ebnen, dir Vertrauen entgegenzubringen.

HANDELE NACHVOLLZIEHBAR.

Besonders wichtig ist, dass deine Handlungen, für deinen Gegenüber, nachvollziehbar sind. Wenn dein Partner dich nicht verstehen und sich auf deine Handlungen keinen Reim machen kann, entstehen offene Fragen. Wenn du zum Beispiel mit deinem Partner darüber sprichst, dass du dir eine monogame Beziehung wünschst, die möglichst lange andauern soll, solltest du nicht ständig mit fremden Männern flirten. Wenn du dich deinem neuen Partner als ordnungsliebend beschreibst, sollte deine Wohnung bei seinen Besuchen nicht aussehen wie ein Schlachtfeld.

ZEIGE DEIN INTERESSE.

Wenn du Zeit mit ihm verbringst, dann sei fokussiert auf ihn und kümmere dich um ihn. Durch diese Konzentration auf ihn wendest du das Gesetz der Reziprozität an. Es besagt:

WENN JEMAND ANDERES UNS ETWAS GUTES TUT,
DANN HABEN WIR AUCH DAS VERLANGEN,
DEMJENIGEN ETWAS GUTES ZU TUN.

Für dich und deinen Traumpartner heißt das, dass deine Konzentration auf ihn bewirkt, dass auch er sich stark auf dich fokussieren kann. So zeigt ihr euch gegenseitig Interesse und Wertschätzung. Wenn du ihm dein Interesse zeigen willst, dann beachte vor allem die folgenden Tipps:

Lass das Smartphone lautlos in der Tasche.
Schau ihm in die Augen, wenn du ihm zuhörst.
Höre aktiv zu. Das bedeutet, du nickst, wenn er dir etwas erzählt. Oder du stellst Fragen zum Thema. Das zeigt ihm, dass du ganz bei der Sache bist.
Unterbrich ihn nicht, aber trage zum Gespräch bei.

Achte darauf, dass Worte und Taten einheitlich sind.
Verhalte dich authentisch und bleibe mit deinen Aussagen und deinen Handlungen auf dem gleichen Kurs. Kurz gesagt: Sag was du denkst und tu, was du sagst. Wenn er sich darauf verlassen kann, dass du das, was er von dir hört, auch in Handlungen umsetzt, wirkst du für ihn nachvollziehbar und vor allem real.

KOMMUNIZIERE OFFEN

Nur offene und ehrliche Kommunikation führt auf Dauer zu einer glücklichen Beziehung. Eine offene Kommunikation ist auch ehrlich. Damit ist gemeint, dass nicht vorsätzlich gelogen wird. Aber auch das Verschweigen von bestimmten Informationen kann als Unehrlichkeit gewertet werden. Wenn du beispielsweise gar nicht wirklich Single bist oder noch mit deinem

Ex-Partner zusammenwohnst, sollte dein neuer Partner das sehr frühzeitig wissen. Auch Kinder oder Haustiere müssen direkt zu Beginn einer neuen Romanze erwähnt werden.

Doch nicht nur Informationen sollten offen auf den Tisch gelegt werden. Auch deine Vorlieben und das, was du ablehnst, solltest du ihm mitteilen. Er lernt dich dadurch viel besser kennen. Wenn diese offene Kommunikation dazu führt, dass ihr beide die Überzeugung gewinnt, nicht zusammenzupassen, habt ihr wenigstens Zeit gespart.

Denk nicht nur an dich

Schon als Kinder lernen wir, dass wir sympathisch sind, wenn wir teilen können. Wer in einer Beziehung nur an sich denken will, sollte vielleicht eine Verbindung mit seinem Spiegelbild eingehen. In einer Liebesbeziehung sind sowohl das Geben als auch das Nehmen sehr wichtig. Partner, die sich lieben, wollen zwei Komponenten auf jeden Fall erleben:

Wer liebt, will seine Liebe zeigen dürfen.
Wer liebt, will geliebt werden.

Aus diesem Grund ist es sehr förderlich für die Beziehung, wenn sich die Partner hin und wieder auf die Suche nach einer kleinen Überraschung für den anderen begeben. Kleine Geschenke erhalten nicht nur die Freundschaft, sondern auch die Spannung in der Liebe. Ein kleines Geschenk oder ein Zettelchen mit einer lieben Botschaft hinter dem Scheibenwischer tun dem Absender und dem Empfänger der Nachricht gut.

Bleib offen für neue Erfahrungen

Solange ein Mensch lebt, kann er lernen. Erst wenn er keine neuen Eindrücke mehr aufnehmen kann, lernt er nichts mehr und verändert sich nicht mehr. Wer einen neuen Partner sucht, sollte sich darauf freuen, seinen eigenen Horizont zu erweitern. Vielleicht hat er andere Hobbys, die du noch niemals ausprobiert hast. Das ist deine Chance! Lass dich von deinem neuen

Partner bereichern. Schalte Vorurteile und Klischees aus, die bringen dich nicht weiter.

An dieser Stelle fällt mir ein uralter Schlagertext ein, den Jürgen Markus in die Hitparaden brachte: „Eine neue Liebe ist wie ein neues Leben". Damit drückt er aus, dass eine neue Partnerschaft neue Aspekte des Lebens mit sich bringen kann. Wer sich verliebt, wird aktiv, vital und gewinnt neue Energie. Dadurch ist es möglich, seine gewohnten Bahnen zu verlassen und neue Wege zu testen. Zu zweit bleibt nichts, wie es war, als man allein war. Mit einer guten Portion Offenheit zeigst du deinem Partner, dass du bereit bist, dich auf ihn und seine Individualität einzulassen. Wenn du ihm die Möglichkeit gibst, Impulse in dein und euer gemeinsames Erleben zu bringen, wird er sich willkommen fühlen. Auch auf diese Art kann das Vertrauen wachsen.

Halte deine Versprechen.

Wenn du etwas zusagst, dann halte dich daran. Mach keine Versprechen, die du nicht halten kannst. Partner müssen sich nicht immer etwas versprechen und gegenseitig verbindlich zusagen. Eine Partnerschaft ist ein lebendiger Prozess. Das bedeutet, ihr zwei könnt euch immer wieder miteinander abstimmen. Ihr habt wahrscheinlich täglichen Kontakt und könnt besprechen, was wichtig für euch ist. Wenn du allerdings doch ein Versprechen abgibst, dann nimm es auch ernst. Dabei gibt es zwei Arten von Versprechen, die großen Einfluss auf die Beziehung haben können.

1. Versprechen, die eine Handlung nach sich ziehen.
Diese Art Versprechen ist die weichere Variante. Hier geht es darum, etwas zuzusagen, was getan werden soll. „Ich werde dir am Wochenende helfen, deine Steuererklärung zu machen" oder „Bis zum Urlaub habe ich die Scheibenwischanlage reparieren lassen, das verspreche ich dir". Diese Art Versprechen ist nicht schwer einzuhalten, es braucht nur ein wenig Disziplin. Wenn du diese Versprechen nicht einhalten kannst, dann mach sie gar nicht erst. Du gerätst sonst sehr schnell unter den Verdacht, unzuverlässig zu sein.

Es liegt eine große Gefahr darin, wenn du deine Zuverlässigkeit infrage stellen lässt. Das Bild, das dein Partner in diesem Fall von dir hat, nimmt wahrscheinlich langfristig Schaden.

2. Versprechen, bei denen es sich um Werte handelt. Diese zweite Form der Versprechen ist noch bedeutsamer als die oben genannte. Hierbei geht es nämlich um Werte und um den Aufbau von echter Nähe. Ich möchte dir zwei Beispiele nennen, an denen du schnell merkst, wie wichtig dieses Thema für deine Beziehung werden kann.

Betrachten wir Ulla, eine attraktive Frau, die sehr lange als Single gelebt hat. Sie hat es genossen, hin und wieder eine kurze Affäre einzugehen. Ihr Leben war durch Erfolg auf beruflicher und privater Ebene gekennzeichnet. Zu vielen ihrer früheren Sexualpartner hält sie einen zwanglosen Kontakt mit gegenseitigen Geburtstagsgrüßen und gelegentlichen Verabredungen auf ein Glas Wein. Ulla genießt die Aufmerksamkeit, die die Männer ihr entgegenbringen. Sie sonnt sich in deren Komplimenten und zieht daraus einen großen Teil ihres Selbstbewusstseins. Als sie Rolf kennenlernt, wird alles anders. Ulla verliebt sich Hals über Kopf und ihre Gefühle spielen verrückt. Mit Rolf möchte sie keine Affäre aufbauen. Durch ihn entstehen in Ulla Wünsche nach Langfristigkeit und Verbindlichkeit.

Auch Rolf verliebt sich und denkt an eine gemeinsame Zukunft mit Ulla. Nach ein paar Wochen spricht er sie auf ihre Kontakte zu ihren Ex-Partnern an. Er ist verunsichert und auch ein wenig eifersüchtig. Ulla behauptet, dass die anderen Männer ihr nichts mehr bedeuten. Das nimmt Rolf zum Anlass, sie darum zu bitten, diese Kontakte zu beenden. Ulla verspricht es ihm. Als Rolf eines Abends auf dem Weg von der Arbeit noch in einen Pub geht, um ein Bier zu trinken, trifft er Ulla mit einem Ex dort. Er ist tief enttäuscht und fühlt sich hintergangen.

Das Beispiel zeigt, wie Vertrauen enttäuscht werden kann. Es wird sehr lange dauern, bis Rolf wieder bereit und in der Lage ist, Ulla zu vertrauen. Dabei ist durchaus möglich, dass Ulla niemals in der Lage oder gewillt sein wird, ihre alten Kontakte zu beenden. Sie sollte dann die offene Kommunikation wählen. Rolf und Ulla müssten nach einem Weg suchen, der für sie beide möglich ist. Oder sie müssten erkennen, dass es diesen Weg nicht gibt und sie daher keine feste Beziehung führen können. Eine rechtzeitige Trennung ist in diesem wie auch in jedem anderen Fall besser als eine Beziehung, in der Misstrauen und Zweifel vorherrschen.

Im zweiten Beispiel geht es um Moni und Ulf. Moni ist starke Raucherin. Ulf ist Nichtraucher und hat seine Mutter an Lungenkrebs sterben sehen. Er bittet Moni schon beim dritten Treffen, das Rauchen aufzugeben. Obwohl Ulf sehr verliebt in sie ist, weiß er, dass er die Sorge um ihre Gesundheit nicht ertragen könnte. Moni willigt schnell ein. Ulf ist erleichtert. Mit einer Raucherin hätte er sich kein gemeinsames Leben vorstellen wollen. Die beiden fahren in ihren ersten gemeinsamen Urlaub. Moni steht gern sehr früh auf. Sie verlässt dann das Hotelzimmer und trinkt einen Kaffee in der Lobby. An einem Morgen will Ulf sie überraschen. Er folgt ihr und möchte ihr zeigen, dass auch er ein Frühaufsteher sein kann. Als er in die Lobby kommt, sieht er Moni mit einer Zigarette in der Hand vor der Tür stehen. Ulf ist tief enttäuscht und weiß nicht, wie er mit der Situation umgehen wird.

Dieses Beispiel zeigt, wie schwer es ist, ein Versprechen zu halten. Vielleicht schafft Moni die Entwöhnung von der Sucht einfach nicht. Statt Ulf zu hintergehen hätten die beiden kommunizieren sollen. Unter Umständen hätte Moni sich mehr Zeit genommen, um mit dem Rauchen aufzuhören. Sie hätte professionelle Hilfe in Anspruch nehmen können. Wahrscheinlich wäre es für Ulf nicht darauf angekommen, dass Ulla sofort macht, worum er sie bittet. Aber ganz sicher wird es einen dunklen Fleck auf seinen Gefühlen für Ulla geben, dass er sich hintergangen fühlt.

VERTRAUEN IST NICHT LEICHT

Wenn du merkst, dass er Probleme damit hat, dir zu vertrauen, dann mach den ersten Schritt. Indem du ihm zuerst vertraust, gibst du ihm die Möglichkeit, auch dir zu vertrauen. Du legst mit deinem Verhalten eine Art Richtlinie für eure Beziehung fest. Das bedeutet, dass du die Werte, die dir wichtig sind, selbst leben musst, damit der Partner sie erfahren und übernehmen kann. Wenn du Vertrauen in eurer Beziehung installierst, ist es da. Er kann das Vertrauen wahrnehmen und es wird ihm wahrscheinlich gefallen. Schritt für Schritt wird er sich auf dieses Gebiet wagen. Er wird langsam testen, wie es sich anfühlt, Vertrauen zu zeigen. Wenn er merkt, dass sein Vertrauen in dich ihn nicht schädigt, wird es für ihn langsam aber sehr stabil zu seiner Grundhaltung dir gegenüber.

Dabei spielt Ehrlichkeit eine große Rolle. Wenn du jemanden kennenlernst, der dir als zukünftiger Partner sehr interessant vorkommt, dann möchtest du dich wahrscheinlich im besten Licht präsentieren. Das ist vollkommen normal. Niemand bringt als Erstes seine Schwächen und Fehler auf den Tisch, wenn er jemanden für sich gewinnen will. Doch dieses Werben mit den eigenen Vorzügen hat seine Grenzen. Es darf nicht dazu führen, dass die Ehrlichkeit darunter leidet.

Besonders schwierig wird es, wenn dunkle Flecken in der Biografie vorhanden sind. Jeder Mensch, der sein Leben aktiv gestaltet, macht Fehler. Doch diese Fehler scheinen uns zu Beginn einer Liebesgeschichte meist unerträglich. Wie sollen wir dem Traummann, der uns in der Eisdiele gegenübersitzt, von unseren drei gescheiterten Ehen erzählen? Was ist mit dem Führerscheinentzug nach der feuchtfröhlichen Silvesterparty vor drei Jahren? Muss er wissen, dass es eine lange Zeit der Arbeitslosigkeit mit Bezug von Sozialhilfe gegeben hat? Es gehört zur Ehrlichkeit, nichts zu verschweigen. Trotzdem muss niemand dem Zukünftigen alles auf die Nase binden. Die Vergangenheit geht den Partner streng genommen nichts an. Dennoch kann sie Aspekte enthalten, die mit dem Wertesystem des Traummanns nicht in Einklang zu bringen sind.

Alles, was er später einmal von selbst herausfinden könnte, solltest du so früh wie möglich erzählen. Auch für dich ist es besser, dir den Druck der Heimlichkeiten zu nehmen. Wenn er partout nicht mit dem leben kann, was du vor seiner Zeit getan hast, dann ist er nicht der richtige Mann für dich. Denn es gilt:

Dein Weg hat dich in seine Arme geführt. Du hast genau diesen Weg gebraucht, um ihm zu begegnen. WARUM MUSSTE ICH IHM BEGEGNEN?

WAS EINE BEZIEHUNG STABIL WERDEN LÄSST

Es gibt verschiedene Grundbedürfnisse in einer Beziehung, die sich auch mit den Grundbedürfnissen jedes einzelnen Menschen decken. Da eine Liebesbeziehung der imaginäre Ort ist, an dem du und dein Partner satt werden sollt, sollte sie euch beiden die Möglichkeit bieten, eure Grundbedürfnisse zu befriedigen. Dabei könnt ihr euch wirkungsvoll unterstützen, indem ihr diese Grundbedürfnisse zu Inhalten eurer Verbindung macht. Die Grundbedürfnisse, über die ich hier schreibe, sind.

Sicherheit
Verbundenheit
Wachstum

Diese Bedürfnisse stammen noch aus der Zeit unserer Vorfahren. Für die ersten Menschen war es von großer Bedeutung, keiner Gefahr ausgesetzt zu sein. Wilde Tiere und schlechte Wetterbedingungen haben dazu geführt, dass Menschen sich in Höhlen aufhielten. Sie suchten und fanden dort die Sicherheit, dass sie überleben konnten.

Die Verbundenheit war ein weiterer wichtiger Faktor, der das Überleben sichern konnte. In der Gruppe waren Menschen stärker. Sie konnten gemeinsam jagen, sammeln und sich um den Nachwuchs kümmern. Die Verbundenheit der Mitglieder in einer Gruppe machte sie auch stark gegen Angriffe von außen.

Wachstum ist ein menschliches Grundbedürfnis, das in unseren Genen angelegt ist. Ohne dieses Wachstumsgen gäbe es keine Menschen, keine Evolution, keine Entwicklung. Gegen Wachstum können wir uns nicht versperren. Je besser das Wachstum zu unserem individuellen Tempo und unseren Fähigkeiten passt, umso zufriedener sind wir mit unserem Leben. Die meisten Partner fühlen sich daher in einer Beziehung wohl, die dem persönlichen Wachstumsbedürfnis nahekommt.

Noch heute schmiegen sich Partner körperlich eng zusammen und bauen sich eine Kuschelhöhle. Sie suchen die körperliche Nähe, die Sicherheit verspricht. Darüber hinaus wohnen die meisten früher oder später zusammen und sichern sich so gegen Außeneinflüsse ab. Sie schaffen sich ihren eigenen kleinen, sicheren Hafen.

Moderne Menschen haben auch noch andere Möglichkeiten, sich Sicherheit aufzubauen. Sie müssen nicht mit der Höhle vorliebnehmen. So bietet Geld zum Beispiel die Sicherheit, nicht hungern und nicht frieren zu müssen. Geld kann in (fast) alles umgetauscht werden, was benötigt wird. Es steht stellvertretend für viele Menschen für Sicherheit. Viele Singles finden daher auch die wirtschaftlichen Verhältnisse ihres Traummannes wichtig. Das hat nichts Unmoralisches, es ist menschlich, Problemen aus dem Weg gehen zu wollen.

Sicherheit bedeutet auch das Fehlen von Schmerz und Leid. Grundvoraussetzungen, damit ein Mensch sich sicher fühlen kann, sind.

Eine schützende Wohnung.
Die gesicherte Versorgung mit Essen und Trinken
Schmerzfreiheit
Vertrauen zur Bezugsperson.

Beim letzten Punkt kommst du als Partnerin ins Spiel. Einiges kannst du tun, damit der Mann deiner Träume sich bei dir sicher fühlen kann. Sicherheit bedeutet, dass man sich in der eigenen Komfortzone befindet und keinen Schmerz empfindet. Wie kannst du dafür sorgen, dass diese Komfortzone entsteht? Es ist damit nämlich nicht nur der gemütliche Fernsehsessel gemeint. Der Mann kann sich sicher in deiner Gegenwart fühlen, wenn er spürt, dass seine Meinungen und Sichtweisen akzeptiert werden und er allgemein für das angenommen wird, was er ist. Er möchte fühlen, dass er richtig ist, so wie er ist. Wenn er sich nicht angenommen fühlen kann, muss er befürchten, dass du ihn eines Tages wieder verlässt. Das verunsichert ihn. Viele

Frauen haben (unbewusst) den Wunsch ihren Mann fertig zu erziehen. Getreu dem Motto: „Jetzt ist er gut, aber wenn wir erst mal zusammen sind, dann mache ich ihn mir so, wie er perfekt ist". Egal ob es dabei darum geht, dass er aufhören soll zu rauchen, dass er mehr Sport machen soll oder sonstige Dinge, die dir nicht an ihm gefallen.

Männer, die über eine gute Portion Selbstkritik verfügen, kennen ihre eigenen Schwächen. Das kann dazu führen, dass Sie sich für nicht gut genug halten. Schließlich wollen sie die Frau an ihrer Seite glücklich sehen. Die Unsicherheit, die dabei entsteht, bringt Stress mit sich. Zeig ihm deshalb, dass du auch seine Macken liebst. Gib ihm zu verstehen, dass du einen menschlichen Partner liebst, keinen Roboter und keine Maschine.

Sicherheit hat nichts mit Stillstand zu tun. Auch im Rahmen fester Gewohnheiten stellt sich nicht zwangsläufig Sicherheit ein. Wir brauchen neue Dinge und Herausforderungen, um uns weiterzuentwickeln. Die Freiheit, Veränderungen vornehmen zu können und selbst zu entscheiden, was gerade gut und richtig ist, widerspricht der Sicherheit nicht. Vielmehr verstärkt sie die Sicherheit. Es entsteht das Gefühl, dass man mit all seinen Bedürfnissen und allen neuen Impulsen geborgen ist.

Inwiefern man das in einer Beziehung umsetzt, ist natürlich individuell und muss auch individuell entschieden werden. Es gibt Paare, die leben ihre Freiheiten nur im regelmäßigen Jahresurlaub aus. Andere Paare schaffen größere Freiräume für Veränderungen. Manche mögen viele und andere wieder weniger Gewohnheiten. Grundsätzlich aber gilt: Beziehungen müssen lebendig sein und lebendig bleiben. In eingefahrenen Bahnen, die keine Spontaneität mehr zulassen, finden wir keine Befriedigung. Dann verliert die Sicherheit ihren Wert und wird zur Unzufriedenheit.

Psychologisch brauchen wir die Veränderung, um auf Dauer zufriedenzubleiben. Das hängt damit zusammen, dass wir wachsen wollen. Doch zu diesem Grundbedürfnis kommen wir gleich.

Die Abwechslung ist von großer Bedeutung, weil sie uns die Möglichkeit gibt, immer wieder etwas am Partner zu entdecken, was uns bisher noch unbekannt war. In der ersten Phase des Verliebtseins ist uns der andere noch fremd. Alles, was wir mit ihm erleben, lässt ihn wunderbar erscheinen. Er spricht wundervoll, er schläft wundervoll und er hat eine wundervolle Art, mit uns ins Kino zu gehen. Nach einer Weile lässt dieser Zauber nach. Wir lernen ihn so gut kennen, dass das Wunderbare nicht mehr so auffällig und besonders ist. Jetzt wird es Zeit für Abwechslung.

Wenn wir uns gegenseitig in neuen Situationen begegnen, ist das immer ein bisschen wie ein erstes Date. Den Partner im Sushi-Kurs zu erleben oder auf einer Kanutour ist spannend und uns zeigt neue Facetten seiner Persönlichkeit. Das gilt für alles, was bisher noch niemand von euch beiden gemacht hat. Es gilt aber auch für Vorlieben, die der andere bereits vor der Beziehung gepflegt hat. Lass dich also auf Abenteuer ein, die dich und deinen Partner in einem neuen Licht erscheinen lassen.

Wenn du deinen Partner kennenlernst und er beginnt, sich auf dich einzulassen, gebt ihr euch gegenseitig eine besondere Bedeutung. Ihr seid nicht austauschbar. Das ist wichtig für den Aufbau einer Beziehung. Neue Erfahrungen miteinander zu machen verstärkt diese Bedeutung zusätzlich. Je mehr gemeinsame Erfahrungen ihr miteinander macht, umso inniger und tiefer wird die Bedeutung, die der andere im eigenen Leben hat. Damit erhöhen sich sein Wohlbefinden und seine Sicherheit. Wenn du deinen Traummann endgültig für dich gewinnen möchtest, streichle ruhig den Mann in ihm. Gib ihm das Gefühl, ein ganz besonderer Mensch zu sein und vor allem speziell für dich ein ganz besonderer Mann. Dafür kannst du auch ruhig betonen, wie wichtig er für dich ist und in welcher Weise er dein Leben bereichert und verschönert.

VERBUNDENHEIT

Jeder Mensch braucht Verbindungen zu anderen Menschen, um auf Dauer psychisch glücklich und körperlich gesund zu bleiben. Das Grundbedürfnis Verbundenheit ist wichtig, denn es entscheidet sogar darüber, wie viel Lebensfreude ein Mensch empfindet. Einsamkeit macht krank. Sie belastet die Seele und kann auch auf körperlicher Ebene zu Störungen führen. Sich einsam zu fühlen stört das Selbstwertgefühl, führt zu Depressionen und stellt eine enorme Einschränkung der Lebensqualität dar. Das ist der Grund dafür, dass die meisten Singles sich einen Partner wünschen. Freunde und Kollegen können das Gefühl der Einsamkeit oberflächlich mildern. Dauerhaft kann aber nur eine feste Bezugsperson das sichere Gefühl von Verbundenheit entstehen lassen.

Verbindungen entstehen durch Ähnlichkeiten im Verhalten, Denken und Handeln. Dabei ist der Wunsch nach einer tiefen Verbundenheit und Liebe in einem Mann genauso vorhanden wie in dir. Wenn du manchmal denkst, dass das nicht so ist, könnte das daran liegen, dass er Schwierigkeiten hat, sich sofort auf dich einzulassen. Der Mann hat vielleicht schlechte Erfahrungen gemacht und traut sich nicht so recht, sein Herz gleich wieder ganz zu verschenken. Wenn du dir einen entsprechenden Kandidaten für deine nächste Beziehung ausgesucht hast, zeig ihm Liebe und Wertschätzung, aber setz ihn nicht damit unter Druck. Warte einfach eine angemessene Zeit ab, bis du sicher sein kannst, warum er sich noch zurückhält. Sollte es irgendwann klar sein, dass er in eurer Beziehung noch nicht das gefunden hat, was er sucht, dann beende deine Versuche. Du würdest sonst nur Zeit verschwenden.

Ihr könnt eure Verbundenheit viel besser wahrnehmen und genießen, wenn ihr Rituale, Symbole und Insiderwitze habt. So werdet ihr auch dem Anspruch gerecht, füreinander etwas ganz Besonderes zu sein. Nehmt euch einen bestimmten Tag im Monat vor, an dem nur ihr beide euren Lieblingsort aufsucht. Auch ein Abendritual oder eine spezielle Art, den Tag zu beginnen, kann die Verbundenheit stärken. Symbole wie gemeinsame Fotos, ein Schloss an einer Brücke oder andere Dinge, die eure Verbundenheit ausdrücken, sind zur passenden Zeit gut geeignet, die Verbundenheit zu bekräftigen.

Wachstum

Wachstum bedeutet leben. Was nicht wächst, das stirbt. Das kannst du in der Welt überall beobachten. Wenn eine Pflanze nicht wächst, dann stirbt sie. So ist es auch mit Beziehungen. Damit eine Beziehung wachsen kann, ist es notwendig, dass beide Partner für sich individuell auch wachsen und sich entwickeln. Nur dann kann man sich auch als Paar zusammen entwickeln, gemeinsame Dinge erleben, neue Herausforderungen anpacken oder vielleicht Hobbys finden, die beide begeistern.

Menschen wollen sich entwickeln. Die Entwicklungspsychologie hat einzelne Phasen ausgemacht, die nicht nur die Kindheit betreffen, sondern letztlich bis zum Tod reichen. In der Kindheit und Jugend bezieht sich Wachstum bereits auf die körperliche und geistige Entwicklung des Kindes. Später übernimmt die seelische Reifung gemeinsam mit der Persönlichkeitsentwicklung diesen Aspekt des Lebens. Eine Partnerschaft bietet eine sehr gute, wenn nicht sogar die beste Möglichkeit, sich selbst zu entwickeln. Der Partner gibt Feedback und spiegelt das eigene Verhalten. So wird ein Partner zu einem wertvollen Entwicklungshelfer. Das tut zwar manchmal sehr weh, weil wir auch Sachen gespiegelt bekommen, die uns wehtun aber genau das birgt ja auch das größte Potenzial.

Wachstum auf persönlicher Ebene ist wichtig, damit sich keine Resignation einstellt. Stillstand ist für ein Individuum gefährlich. Auch in Beziehungen sollte (fast) immer Entwicklung erlebt werden. Wenn der Mensch keine Anforderungen hat, wird er träge. Das führt schließlich zu einer Schwächung seiner Lebensgeister. Langeweile tötet den Geist, wenn sie zu lange anhält. Deshalb ist es gut, wenn in einer Beziehung auch Aufgaben gemeinsam angegangen werden. Dazu gehört schon, sich gegenseitig kennenzulernen und Vertrauen aufzubauen. Aber auch das Lösen von Konflikten und das Überwinden von Unterschieden halten wach und fit. Das solltest du immer im Hinterkopf haben, wenn dein Traumprinz mal gar nicht so traumhaft ist, wie du ihn dir wünschen würdest.

Wenn du merkst, dass du durch deine Beziehung wachsen kannst, dann fühlst du dich besser und dein Selbstwertgefühl wird gestärkt. Dadurch kannst du entspannter und gelassener sein.

Etwas zurückgeben

Es gibt aber noch eine Folge von erfolgreichem Wachstum. Es macht großzügig. Du empfindest wahrscheinlich unbewusst das Bedürfnis, deine Freude und Dankbarkeit über die glückliche Beziehung zum Ausdruck zu bringen. Dadurch entsteht das Bedürfnis, etwas zurückzugeben. Dabei geht es nicht (nur) um Geld oder andere weltliche Güter auch Liebe, Sicherheit, Unterstützung, Wohlwollen oder andere Dinge lassen sich großartig zurückgeben. Du möchtest, dass was dir Gutes widerfahren ist mit anderen Teilen und ihnen so etwas von deinem Glück zurückgeben. Dadurch fühlst du dich besser und gleichzeitig fühlt sich auch dein Umfeld besser. Du schaffst also eine Win-Win-Situation mit deinem Partner und/oder Umfeld. Frag dich, was du gerne zurückgeben möchtest? Was würdest deinem Partner gerne zurückgeben? Wer immer nur nimmt, fühlt sich schnell unterlegen und entwickelt das Gefühl, den Überschuss nicht mehr ausgleichen zu können. Das ist keine gute Voraussetzung für eine echte Beziehung auf Augenhöhe. Das Bedürfnis danach, etwas zurückzugeben, entsteht meist dann, wenn wir unsere eigenen Grundbedürfnisse bereits ausreichend befriedigt haben.

BEDÜRFNISSE ERFÜLLEN

Erfülle dir deine Bedürfnisse

Achte darauf, dass deine Bedürfnisse nach Sicherheit, Verbundenheit und Wachstum befriedigt sind. Statt also nur zu nörgeln, wenn es dir nicht gut geht, solltest du dich fragen, was du selbst tun kannst, damit dein Mangel behoben werden kann. Gib dir Sicherheit, Verbundenheit und Wachstum selbst, wenn deine Beziehung gerade eher dünn ist. Wie geht das, fragst du dich vielleicht an dieser Stelle. Nun, die folgenden Tipps können dir dabei helfen, dich selbst zu versorgen. Damit verhinderst du auch, von deinem Partner allzu abhängig zu werden. Wenn er denkt, dass du ihn zu sehr brauchst und ohne ihn nicht mehr leben kannst, dann könnte das Druck auf ihn aufbauen, dem er sich entziehen möchte.

Dein Bedürfnis nach Sicherheit kann auch außerhalb eurer Beziehung Befriedigung finden. Du sicherst dich zum Beispiel ab, indem du darauf achtest, dass dein eigenes Einkommen stabil ist und du dich nicht wirtschaftlich abhängig fühlst. Vernachlässige also deine Arbeit nicht für die Beziehung. Vielleicht hattest du als Single bestimmte Rituale nur für dich allein. Das können Kleinigkeiten wie ein ausgiebiges Bad am Sonntagmorgen gewesen sein. Behalte diese Rituale bei, wenn es möglich ist. Dein eigener Lebensrahmen, auf den du dich im Zweifelsfall verlassen kannst, ist sehr wichtig für dich. Gerade in potenziell schwierigen Zeiten, wenn der Partner nicht da ist oder ihr einen Streit hattet.

Eine weitere Komponente zum Thema Selbstversorgung sind deine persönlichen Kontakte. Wenn du frisch verliebt bist, wirst du denken, dass du nur ihn brauchst, um glücklich zu sein. Doch das ist ein Trugschluss. Deine Kontakte zu deiner Familie und zu deinen Freunden bleiben wichtig. Wenn dein Partner der einzige Ansprechpartner für dich wird, liegt viel zu viel Last auf eurer Beziehung. Deine Verbundenheit zu Menschen, mit denen du vertrauensvolle Gespräche führen kannst, ist wichtig dafür, dass du nicht zu viele Erwartungen in den Umgang mit deinem

Traummann legst.

Wachstum ist nicht nur in einer Beziehung wichtig. Welche Interessen hattest du vor eurer Beziehung? Hast du eine Fremdsprache gelernt oder die Musikschule besucht? Halte diese Dinge aufrecht, auch wenn du nicht mehr Single bist. Wenn du dein Wachstum aufgibst, wird er sich irgendwann mit dir langweilen und auch eure Beziehung verliert damit an Wachstumschancen.

Die folgenden Tipps können dir als Anregung für ein glückliches Singleleben oder Beziehungsleben dienen. Sie können dir helfen, weniger verkrampft zu sein. Gut beschäftigt und zufrieden wirkst du entspannter und glücklich. So bist du viel attraktiver und der Mann deiner Träume wird dich schneller finden bzw. Länger behalten wollen können.

Tipp 1:
Wenn du einen Partner suchst, mit dem du Kultur erleben kannst, dann besuche auch allein die reizvollsten Veranstaltungen. Das ist viel besser, als zu Hause auf der Couch darüber zu trauern, dass dich gerade jetzt niemand auf ein Konzert begleitet.

Tipp 2:
Du vermisst Anerkennung und Komplimente? Dann style dich mit Bedacht und nimm wahr, dass andere sich nach dir umdrehen. Genieß auch Komplimente von Freunden und Bekannten.

Tipp 3:
Suche dir eine Herausforderung. Um dein Grundbedürfnis nach Wachstum zu befriedigen, könntest du die Zeit nutzen, bis dein neuer Partner gefunden ist. Nimm endlich die paar Kilo ab, die dich stören, erhöhe dein Fitnesslevel oder lerne Stepptanz. Genieße die Zeit, die du noch nicht in den Aufbau einer Beziehung investieren musst.

Beachte seine Bedürfnisse

Oft muss die Frau an dieser Stelle mit gutem Beispiel vorangehen. Wenn der Mann deiner Träume plötzlich seine Komfortzone auf die Couch verlegt und außer Kuscheln keine Bedürfnisse hat, dann braucht eure Beziehung deine weiblichen Intuitionen. Ermutige ihn, sich mal wieder mit Freunden zu treffen oder sich endlich den Wunsch zu erfüllen, eine neue Sportart zu lernen. Gib ihm das Gefühl, dass du an sein Wachstum glaubst und dass er für dich der Größte ist. Dann hast du einen Partner, der dir unbewusst dankbar ist und sich bemüht, diese Dankbarkeit auch zu zeigen. Deine Traumvorstellung einer glücklichen Beziehung findet sicherlich nicht nur abends nach der Arbeit auf der Couch vorm Fernseher statt. Es spricht nichts dagegen, sich nach einem anstrengenden Tag auf die Couch zu legen und innerlich abzuschalten. Jeder von uns hat mal solche Tage und will dann nichts anderes als in Ruhe den Kopf aus zu schalten. Dies sollte allerdings nicht euer Durchschnitts Level werden. Ihr braucht die gegenseitige Inspiration und Herausforderung. Wenn du dich in der Partnerschaft wie eine Heldin fühlen möchtest, sorge dafür, dass er sich wie ein Held fühlt. Um ein wahrer Held zu sein, gehört es eben auch manchmal dazu seine Faulheit zu überwinden und auf die Jagd nach mehr im Leben zu gehen. Hilf ihm dabei, motivier ihn dazu, fordere ihn heraus. Gib dich nicht mit dem Mindestmaß zufrieden. Bei ihm nicht und bei dir selbst auch nicht. Ihr beide habt das Potenzial, eine großartige Beziehung zu führen. Eine Beziehung voller Liebe, Leidenschaft, Respekt und spannender Erfahrungen. Lass dir das nicht vom schwachsinnigen Abendprogramm der Privatsender wegnehmen. Das bist du dir und deinem Partner schuldig.

FREUNDSCHAFT KANN NICHT ALLES SEIN

VORSICHT: FALLEN!

Männer und Frauen verstehen sich oft sehr gut und entwickeln eine tiefe und vertrauensvolle Bindung. Männer haben sehr gern eine „beste Freundin“, von der sie sich verstanden und angenommen fühlen. Frauen, die keinen Leistungsdruck aufbauen und denen der Mann nichts beweisen muss, sind eine Wohltat für Männerseelen. Doch leider fehlt das Entscheidende, nämlich die knisternde Erotik, die Schmetterlinge im Bauch. Viele Frauen machen die schmerzliche Erfahrung, dass der Mann nach den ersten Wochen einer Beziehung auf Freundschaft umschwenken möchte. Hier hilft nur, dass du von Beginn an auf der Hut bist und, so komisch es klingen mag, dich einer Freundschaft erst mal komplett verweigerst.

Wenn dein neuer Partner dir schon lange bekannt ist, ist das Risiko groß, dass ihr in einer platonischen Beziehung landet. Aber auch neue Bekanntschaften können aus der Liebesbeziehung schnell in einen freundschaftlichen Kontakt abrutschen. Du solltest dir sicher sein, dass du wirklich einen Partner für eine sexuelle und romantische Beziehung suchst, sonst bringst du ihn durcheinander. Verwirrung könnt ihr am Anfang einer Liebesbeziehung nicht brauchen. Es gibt ein paar Fallen, auf die du achten solltest, wenn du beginnst, mit Mister Right auszugehen.

Erste Falle:

Er weiß noch nicht, ob er sich wirklich fest binden möchte. Akzeptiere seine Aussage und versuche nicht, ihm bei seiner Entscheidung zu helfen. Das ist die Aufgabe von Freunden. Entzieh dich lieber ein klein wenig. Geh mit Freundinnen aus und achte darauf, dass deine Grundbedürfnisse erfüllt werden. Wenn er Interesse an dir als weibliches Wesen hat, wird er sich verstärkt um dich bemühen. Wenn du dagegen mit ihm die Vorteile einer festen Beziehung zu dir diskutierst, verhältst du dich nicht erotisch, sondern freundschaftlich.

ZWEITE FALLE:

Er schlägt ständig Treffen vor, die sich aber selten zu zweit abspielen oder nur in der Öffentlichkeit stattfinden. Sorge dafür, dass er erkennt, dass du es vorziehst, mit ihm allein zu sein. Lade ihn ein, dich zu besuchen oder gemeinsam wegzufahren. So kannst du erkennen, ob er in dir nur einen weiteren Kumpel sieht oder die Frau, mit der er sein Leben teilen möchte. Du möchtest schließlich nicht nur eine weitere Freundin sein, sondern etwas Besonderes. Dafür muss man manchmal eben auch ein gewisses Risiko eingehen.

DRITTE FALLE:

Er schüttet dir sein Herz aus und spricht viel von seinen Enttäuschungen in Beziehungen, die vor eurer Zeit liegen. Gib ihm klar und deutlich zu verstehen, dass du nicht an seiner Vergangenheit, sondern an ihm interessiert bist. Wenn er sich noch nicht von seinen Ex-Frauen gelöst hat, ist er noch nicht frei für eine neue Bindung. Geh ein wenig auf Abstand, aber halte den Kontakt aufrecht. Er wird sich darum bemühen, dir unbelastet zu begegnen, wenn er ernsthaftes Interesse an dir hat.

SEXUALITÄT UND ROMANTIK

Wichtig ist, dass du immer zuerst ein sexuelles und romantisches Miteinander aufbaust, bevor ihr eine tiefe Freundschaft entwickelt und intensives Vertrauen schafft. Mach dir an dieser Stelle immer wieder bewusst, dass du dir eine Liebesbeziehung wünschst und keinen weiteren guten Freund. Du willst viel mehr von ihm als Freundschaft. Wenn du ihm, um ihn nicht zu verlieren, eine Freundschaft anbietest, wirst du zu einem späteren Zeitpunkt unter Umständen leiden. Das ist immer dann der Fall, wenn der Traummann zum Freund wird und sich dann in eine andere Frau verliebt. Am Anfang stehen das erotische Verlangen und die körperliche Begegnung. Erst später werden Partner zu Freunden und innigen Vertrauten. Dieser erste Schritt ist ganz wichtig, damit eure Verbindung nicht den falschen Kurs einschlägt. Der wäre nämlich später nur noch sehr schwer bis gar nicht mehr zu verändern. Je öfter ihr euch seht, ohne dass du etwas an der Freundschaftsdynamik änderst, desto problematischer wird diese Dynamik und desto unwahrscheinlicher ist es, dass ihr je mehr als Freunde werdet.

Flirte mit ihm. Gib dich nicht neutral, das setzt in jedem Fall die falschen Signale. Du möchtest mehr mit ihm als eine neutrale graue Freundschaft. Bring Farbe und Gefühle in eure Interaktion. Du bist eine Frau, die einen Mann sucht. Darum geht es und um nichts anderes. Wenn du Angst hast, zu aufdringlich zu wirken, dann schiebe diese Angst beiseite. Er ist der Mann deiner Träume, du solltest ihn dir holen. Das bist du dir selbst schuldig. Du musst ihm ja nicht sofort unvermittelt um den Hals fallen und abknutschen. Manchmal reicht es schon den Augenkontakt ein paar Millisekunden länger zu halten, eine „zufällige“ Berührung zu fühlen oder ein Lächeln im richtigen Moment, um ihm zu signalisieren, dass du Interesse an ihm hast.

VERLUSTÄNGSTE ÜBERWINDEN

Vielleicht hast du das Problem, dass du keine physische, knisternde Verbindung aufbauen kannst. Das liegt oft daran, dass du aus verschiedenen Gründen Angst davor hast, den Mann zu verlieren, wenn du ihm deine echten Absichten offenbarst. Zuerst musst du erkennen, dass du das, was du mit diesem Mann hast (oder dir von diesem Mann wünscht), auch mit vielen anderen Männer haben kannst. Es hilft dir nicht, wenn du auf deiner Suche nach dem passenden Partner für eine feste Liebesbeziehung stets nur Freunde findest. Bleib ehrlich und aufrichtig dir selbst und auch ihm gegenüber. Das Schlimmste, was passieren kann, ist, dass er deine freundschaftlichen Signale vollkommen missdeutet und sich aus dem Staub macht, weil er eigentlich eine erotische Beziehung zu dir gewünscht hat.

RISIKEN EINGEHEN

Eines der größten Probleme ist, dass du eine unrealistische Illusion mit dem Mann verbunden hast und davon überzeugt bist, dass alles gut ist, wenn du nur mit ihm zusammenkommst. Aufgrund dieser Illusion bist du nicht in der Lage, ihn normal zu behandeln und investierst zu viel in die Beziehung. Du bist zu bedürftig und abhängig. Was du tun musst, ist aktiv auf Intimität hinzuarbeiten, wenn du willst, dass ihr jemals mehr als Freunde seid. Dazu gehört auch, dass du das Risiko eingehst, ihn komplett zu verlieren. An dieser Stelle solltest du dir vor Augen halten, dass du gar nichts verlieren kannst, denn einen Kumpel hast du ja nicht gesucht. Vielleicht ist er dir aber auch als Mensch sehr sympathisch und du könntest einen guten Freund brauchen. Wäge an dieser Stelle ab, was dir wichtiger ist, die Freundschaft zu behalten oder ihn unter Umständen als Partner zu gewinnen. Hast du dich für eine Freundschaft entschieden, mach dich unverzüglich wieder auf den Weg, um deinen Partner fürs Leben zu finden.

DREI ANT-FRUST-STRATEGIEN

Wenn du an der Stelle angekommen bist, dass aus euch beiden sicher nichts mehr werden kann, dann solltest du die folgenden Strategien anwenden, um dich vor Frustration zu schützen.

1. Verabschiede dich aufrichtig.
Willige nicht in eine Freundschaft ein, wenn du es nicht wirklich willst. Wenn du denkst, irgendwann wird es schon mit euch beiden, belügst du dich nur selbst. Entweder du bist über ihn hinweg oder ihr könnt keine wirkliche Freundschaft aufbauen. Nimm also Abschied von der Idee, mit ihm eine Liebesbeziehung aufzubauen. Du blockierst sonst eure Freundschaft und

die Erfüllung deines Wunsches nach einer festen Partnerschaft. Wenn du die Hoffnung nicht aufgeben willst, dass Mr. Right sich doch noch deinen Wünschen gemäß verhält, dann brich lieber den Kontakt ab, statt dir selbst immer wieder neu Leid zuzufügen. Als unglücklich verliebte Frau hast du keine Chance, einen Partner für eine Liebesbeziehung zu finden.

2. Werde aktiv in Sachen Partnerschaft.
Du stehst jetzt wieder am Anfang deiner Suche nach einem Traumpartner. Der lockere Spruch: „Aufstehen, Krönchen richten, weitermachen" ist an dieser Stelle der beste Rat für dich. Überprüfe, was du für dich selbst tun willst, um mit neuem Schwung und mit gutem Selbstbewusstsein die nächste Runde zu überstehen. An dieser Stelle kannst du dir die ersten Kapitel aus diesem Buch noch einmal anschauen, denn jetzt geht der Prozess von vorn los.

3. Verarbeite die Erfahrung.
Du hast eine enttäuschende Erfahrung gemacht. Mach dir das bewusst und rede dir die Angelegenheit nicht schön. Du warst verliebt und deine Liebe wurde nicht erwidert. Nicht schön, aber auch kein Weltuntergang. Das kann beim nächsten Kandidaten schon ganz anders sein. Bau jetzt keine Ängste auf und lass dich nicht zu sehr von der negativen Erfahrung leiten. Selbst, wenn die Frau alles richtig macht und die beiden sich ungemein sympathisch sind, gilt doch für die Suche nach einem Partner immer: Es kann sein, dass einfach die Chemie nicht stimmt.

NOTWENDIGE MAßNAHMEN, UM NICHT IN DER FREUNDSCHAFTSZONE ZU LANDEN

Nimm die folgenden Empfehlungen mit auf den Weg, wenn du dich auf die Suche nach dem passenden Mann deiner Träume machst.

1. Du musst unabhängig werden.
Triff vor allem am Anfang auch andere Männer und zeig ihm,

dass du eine begehrenswerte Frau bist. Experten empfehlen immer wieder, sich nicht zu schnell auf einen einzigen Kontakt zu fokussieren. Das kommt erst später, wenn ihr beide euch entschieden habt, eine Beziehung einzugehen. Frauen haben oft Skrupel und fühlen sich schlecht, wenn sie mehrere Männer zur gleichen Zeit anflirten oder treffen. Doch du bist eine freie Frau ohne Partner. Männer sind auch nicht gleich von der ersten Minute an auf eine einzige Frau festgelegt. Nichts erzeugt schneller Anziehung als ein Konkurrent, das ist auch in der modernen Zeit nicht anders. Jeder Mann will eine Frau, um die er beneidet werden kann. Das kannst du am besten erreichen, indem du ihm zeigst, dass auch andere Männer an dir interessiert sind.

2. Halte dich geheimnisvoll.
Lege ihm nicht gleich zu Beginn dein ganzes Leben zu Füßen. Vor allem solltest du nicht um ihn herumschwirren wie um ein goldenes Kalb. Bleibe autonom und zeige ihm das auch. Du musst nicht immer Zeit haben, wenn er es will. Du musst auch nicht zu Hause sein, wenn er mit seinen Freunden unterwegs ist. Gib ihm zu verstehen, dass du gern Zeit mit ihm verbringst. Mach ihm aber auch deutlich, dass du ein eigenes Leben hast, das du genießt und in dem es auch andere tolle Männer gibt.

3. Mach dich selbst glücklich
Bevor du mit dir selbst nicht glücklich sein kannst, wirst du keine glückliche Paarbeziehung haben können. Das ist eine Wahrheit, die vielen nicht gefällt. Wenn du wie eine bedürftige halbe Portion auf die Suche nach einem Mann gehst, wirst du von Anfang an die Unterlegene sein. Das macht dich unattraktiv und vor allem abhängig. Langfristig haben nur Paare eine Chance auf glückliche Beziehungen, die sich auf Augenhöhe begegnen. Als unterlegene Frau, die ihren Partner als großen Retter sieht, bist du für keinen Mann interessant. Das hat zwei Gründe. Auf der einen Seite will der Mann auf seine Eroberung stolz sein. Die autonome und souveräne Frau mag vielleicht anspruchsvoller sein, sie fordert ihn aber auch heraus, sein Bestes zu geben. Selbstbewusste Frauen wecken den Jagdtrieb. Auf der anderen Seite mag kein Mann immer der Held sein. Wenn er denkt, dass

du ihn brauchst, könnte er schnell die Flucht ergreifen, weil ihm die Verantwortung einfach zu groß ist. Um mit dir allein glücklich leben zu können, solltest du dir angewöhnen, deine Grundbedürfnisse zu erfüllen.

4. Die richtige Einstellung finden.

Entspannung und Glück sind die Bedingungen für die richtige Einstellung während der Partnersuche. Das hat viel damit zu tun, sich nicht festzubeißen und nicht zu verbittern. Nimm eine verspielte und gelassene Haltung ein. Wenn du den neuen Kandidaten ins Visier genommen hast, dann mach dir klar:

Es gibt viele schöne Männer, du bist nicht auf Mr. X angewiesen.

Wenn du ihn zu Beginn schon wieder verlierst, war er einfach nicht der richtige Mann für dich.

Du willst einen Partner für eine Liebesbeziehung, keinen besten Freund.

Zuerst wird die sexuelle Beziehung aufgebaut, Freundschaft kommt später.

Du selbst darfst und wirst steuern, wie sich eure körperliche Verbindung entwickelt.

DER WEG IN EINE BEZIEHUNG – IN VIER SCHRITTEN ZUM GLÜCK

Der Prozess von einem ersten Blick in eine feste Beziehung läuft fast immer nach dem gleichen Schema ab. Aus diesem Grund kannst du als Frau viele Fehler vermeiden und eine wirkungsvolle Strategie anwenden. An erster Stelle steht immer dein fester Wille, diesen Mann zu bekommen. Wenn du ihn wirklich willst, ist der Erfolg schon in greifbare Nähe gerückt. Die folgende Zusammenfassung stellt noch einmal alle wichtigen Schritte dar, die von einem Flirt in eine Beziehung führen.

ERSTER SCHRITT: BLEIB REALISITSCH

Im ersten Schritt geht es darum, dass du dich zwingst, realistisch zu bleiben. Es ist noch nichts passiert. Ihr beide seid noch kein Paar. In dieser Phase ist dein Verstand gefordert. Verliebt bist du ganz von selbst, sorge dafür, dass du nicht in unrealistische Träumereien abdriftest. In ersten Schritt gibt es zwei wichtige Leitlinien, die dich begleiten sollten.

DU BRAUCHST KEINEN MANN ZUM GLÜCK.

Wenn er auftaucht, hast du wahrscheinlich Schmetterlinge im Bauch und möchtest am liebsten nur noch in seinem Arm liegen, in seine Augen schauen und mit ihm reden. Doch genau hier liegt der kritische Punkt. Achte auf dein eigenes Lebensglück. Er ist nur dein potenzieller zukünftiger Partner, nicht dein Leben. Sorge für Freiräume, in denen du das machen kannst, was dich glücklich macht. Sorge für deine eigene Befriedigung, damit er deine Autonomie spüren kann.

Lege dich nicht zu schnell fest.

Lerne andere Männer kennen und flirte. Das hat zwei Vorteile. Zum einen wirst du unabhängiger und erkennst, dass es auch andere interessante Männer da draußen gibt, und darüber hinaus zeigst du ihm mit diesem Verhalten, dass du eine begehrenswerte Frau bist. Zusätzlich kriegst du dadurch das Gefühl „Ich bin der Preis und habe diesem Mann vieles zu bieten".

ZWEITER SCHRITT: FINDE ZUR POSITIVEN EINSTELLUNG DIR SELBST GEGENÜBER

Der zweite Schritt auf dem Weg vom Flirt in eine feste Bindung hat viel mit deiner inneren Einstellung zu tun. Löse dich von der Rolle der unterlegenen und bedürftigen Frau. Auch die Rolle des Opfers ist vollkommen fehl am Platz. Festige in dir selbst das Bewusstsein, dass du eine unabhängige Frau bist. In deiner Zeit als Single hast du ihn nicht gebraucht. Das wird auch in einer Beziehung so bleiben.

Kopf hoch, Brust raus

Finde in diesem Schritt zu der Erkenntnis, dass du selbst viel zu bieten hast und eine attraktive Frau bist, die von vielen Männern begehrt wird. Selbstverständlich bist du von ihm begeistert. Doch auch du bist begehrenswert. Wenn er das nicht merkt, dann merken es andere Männer. Du solltest stolz auf dich sein und wissen, dass du eine tolle Partnerin bist. Nur dann wird er dich reizvoll finden.

Die Beziehung ist nicht das ganze Leben.

Der Partner ist nicht das Ziel in deinem Leben, sondern immer nur ein Nebenprodukt der Tatsache, dass du ein eigenes Leben hast. Deshalb solltest du in dieser Phase eurer Begegnung für dich erkennen, welche Lebensaspekte dir wichtig sind. Behalte Freundschaften und Hobbys in jedem Fall bei. Natürlich muss es in einer Beziehung auch Kompromisse geben. Aber niemand sollte sich selbst aufgeben, um dem anderen zu gefallen. Wer sich für eine Beziehung verbiegen muss, ist nicht mit dem richtigen Mann zusammen.

Klarheit von Anfang an

Nimm die rosarote Brille ab. Toleriere nicht jede schlechte Angewohnheit von ihm. Bleib dir in deinen Erwartungen an deine nächste Beziehung treu. Erkenne, dass er nur ein „normaler“ Mann ist. Ein Mann von vielen. Das steht nicht in einem Widerspruch dazu, dass du von ihm begeistert bist. Doch bleib ein wenig realistisch. Er ist kein Gott, er ist ein Mensch wie du auch. Deshalb hat er sich auch an bestimmte Regeln zu halten und du darfst Anforderungen an ihn stellen.

DRITTER SCHRITT: ZEIG IHM DEINE WELT

Zeige deinem Partner, in welcher Welt du lebst. Lass ihn an deiner tollen Welt, deinem Leben teilhaben. Wenn du mit ihm unterwegs bist, dann sorge dafür, dass starke Emotionen entstehen und Gespräche nicht zu sachlich und formell sind. Bei seiner Sichtweise auf dich als seine potenzielle Partnerin geht es viel darum, ob du als Frau ein attraktives Leben führst. Das entscheidet mit darüber, ob du für ihn attraktiv bist. Er darf an dieser Stelle nicht das Gefühl bekommen, dass er dein Leben als Einziger bereichern und verschönern könnte.

Lebe dich aus

Nimm ihn mit zu Veranstaltungen und Treffen, die dich richtig glücklich machen. Geh aus dir heraus und genieße das Erlebnis. So kann er sehen, dass es in deinem Leben Glück gibt, das nicht auf ihn zurückgeht.

Zeig ihm deine Leidenschaften

Männer mögen es, wenn Frauen sich begeistern können. Dabei spielt es keine Rolle, ob du leidenschaftliche Taucherin bist oder deine Liebe in die Aufzucht von Obstbäumen steckst. Lass ihn teilhaben. Er erlebt dich in deinem Element und bekommt damit die Gelegenheit, sich für dich zu begeistern.

VIERTER SCHRITT: SCHAFFE EIN BILD VON DIR ALS BEGEHRENSWERTE FRAU

Im vierten Schritt kannst du ein Bild von dir in seinem Kopf entstehen lassen, das begehrenswert ist. Momentan sieht er dich vielleicht noch nicht als begehrenswerte Frau, doch das kannst du ändern.

Biete sozialen Mehrwert

Sei in seinen Augen eine Person, die sozialen Mehrwert bietet: Mit dir hat er Spaß, lernt neue Dinge kennen, lacht ... Sein Leben gewinnt aus seiner Sicht (und im Optimalfall auch aus der Sicht seines Umfelds) an Wert. Aus diesem Grund ist auch wichtig, dass er nicht gleich zu deinem Lebensmittelpunkt wird. Du brauchst deinen eigenen Lebenskontext, weil du ihm etwas bieten willst. Wenn du alles aufgibst, sobald du ihn erspäht hast, ist dein Leben für ihn nicht mehr interessant. Das macht es ihm sehr schwer, dich als attraktive Frau wahrzunehmen.

Zeig ihm deinen Marktwert

Das Wort ist zwar nicht sehr schön, trifft aber genau auf den Punkt. Die meisten Männer messen die Attraktivität ihrer Partnerin unbewusst auch daran, dass andere Männer sie anziehend finden. Zeig ihm, dass auch andere Männer dich begehren und du vielleicht bald vom Markt sein könntest.

Agiere mit Gefühl

Eine Liebesbeziehung sollte eine Angelegenheit des Herzens sein. Sprich nicht nur seinen Kopf an. Er kann sich nicht in deinen Verstand verlieben. Sein Herz sollte aufgehen, wenn er dir begegnet. Dafür musst du seine Emotionen wecken. Löse starke Emotionen in ihm aus, statt logisch zu sein.

Mach dich rar

Sei nicht immer für ihn verfügbar. Zeig ihm, dass du ein eigenes interessantes Leben hast, und lade ihn ein, ein Teil davon zu werden.

WAS, WENN ER BEREITS NEIN GESAGT HAT?

Was, wenn er bereits Nein zu einem Date gesagt hat oder du dich nicht traust, ihn auf ein Date einzuladen? Diese Situation entsteht viel öfter, als du denkst. Noch sind deine Chancen nicht vorbei, du darfst dich nur nicht von seiner ersten Ablehnung ins Bockshorn jagen lassen. Wenn du ihn wirklich willst, dann kannst du jetzt in den Kampfmodus gehen.

Du darfst ihm den Kopf verdrehen.

Du darfst versuchen, ihn zu erobern und ihm den Kopf so zu verdrehen, dass er später nicht mehr wissen wird, warum er ablehnend war. Frag ihn, ob er mit dir auf eine Veranstaltung gehen will. Wähle dafür einen Ort, an dem du und andere Leute gemeinsam sind. Du lädst ihn nicht ein, dich zu begleiten, sondern einfach mitzukommen. Damit bleibt die ganze Angelegenheit zwanglos. Ihr geht als getrennte Menschen hin und seid euch gegenseitig zu nichts verpflichtet. Lade zusätzlich andere Menschen ein. So bist du nicht darauf angewiesen, deine Zeit ausschließlich mit ihm zu verbringen. Auch andere attraktive Männer sollten dabei sein, denn Konkurrenz belebt das Geschäft.

ZEIG IHM, WAS ER VERPASST.

Verteile deine Aufmerksamkeit gleichmäßig auf alle anwesenden Personen. Dadurch wird die Aufmerksamkeit, die er bekommt, normal, und er wird anfangen, darum zu kämpfen, dass er besondere Aufmerksamkeit von dir bekommt. Hier greift das männliche Bedürfnis, als ein ganz besonderer Mann wahrgenommen zu werden. Wenn er dann um deine Aufmerksamkeit kämpft, kannst du anfangen, mit ihm zu flirten. Necke ihn, berühre ihn, zieh ihn an dich ran und stoß ihn wieder weg, mach Rollenspiele mit ihm. Lass ihn spüren, was er hätte erleben können, wenn er als dein Partner mit dir ausgegangen wäre. Wenn er darauf einsteigt, dann kannst du ihn zu gegebener Zeit aus der Gruppe isolieren und alleine Zeit mit ihm verbringen.

DIE ZEITRAFFER TECHNIK FÜR MEHR VERTRAUTHEIT

Wenn es dir zumindest gelingt, eine erste sexuelle Beziehung zu ihm aufzubauen, kannst du in der Folge die Zeitraffer-Technik anwenden, um mehr Vertrauen aufzubauen. Ohne erste sexuelle Kontakte funktioniert diese Technik nicht. Sie könnte dann eher dazu führen, dass er eine freundschaftliche Verbindung zu dir aufbauen möchte. Die Technik funktioniert so: Besuche mit ihm viele verschiedene Orte und mache viele verschiedene Dinge mit ihm. Wähle unterschiedliche Tageszeiten für diese Aktivitäten aus. Das wird bei ihm den Eindruck erwecken, dass ihr euch schon sehr lange kennt, und das Vertrauen steigt. Er erlebt viele neue Dinge mit dir und sieht dich morgens, mittags und abends. So wirst du ein Teil seiner gesamten Zeit und er gewöhnt sich daran, dass du an seiner Seite bist.

ACHT TIPPS ZUM SCHLUSS: DA IST ER – WAS NUN?

Mit dem vorliegenden Werk will ich dich nicht im Regen stehen lassen. Stattdessen möchte ich dir noch einige Empfehlungen geben, wie du deine persönliche Entwicklung und somit deinen Erfolg noch ein wenig beschleunigen kannst.

Zum einen solltest du dir bewusst sein, dass es nicht immer einfach ist erfolgreicher im Umgang mit dem anderen Geschlecht zu werden. Solltest du Fragen zum Kontext Verführung oder zum Leben generell haben kannst du mir jederzeit eine E-Mail an Hilfe@DariusKamadeva.de schicken.

Natürlich solltest du auch nicht vergessen dir die weiterführenden Informationen im online Mitgliederbereich zu sichern. Du findest sie unter DariusKamadeva.de/unwiderstehlich Wenn du dem Mann deiner Träume über den Weg gelaufen bist, bist du wahrscheinlich in heller Aufregung. Du willst nichts falsch machen und auf keinen Fall überstürzt handeln. Für diese Situation habe ich hier alles zusammengefasst, was du beachten solltest. Du kannst dies wie einen kleinen Spickzettel sehen. Wenn du die folgenden Grundregeln präsent hast, wirst du dich sicher fühlen und wie von selbst richtig handeln, um ihn für dich zu gewinnen.

1. Hol das Beste aus dir raus
2. Entwickle deine eigenen Werte
3. Vergleiche dich nicht mit anderen
4. Sei körperlich in Bestform
5. Versuche nie, ihm eine andere Frau schlecht zu reden
6. Wenn du anfängst, aus der Freundeszone auszubrechen, dann musst du damit rechnen, dass sich einige Dinge ändern und vielleicht Widerstand kommt
7. Wichtig ist, dass du am Ball bleibst und dich nicht wieder

zurück veränderst. Bleib konstant auf deinem Weg. Das betrifft auch deine Erwartungen an seinen Umgang mit dir
8. Wenn du merkst, dass er nicht bereit ist, mit dir in eine feste Bindung einzutreten, löse dich von ihm und verschwende keine Zeit an ihn

Wenn du dies Buch durchgearbeitet hast, hast du alle Informationen, die du brauchst, um einen Partner zu finden und eine erfolgreiche Beziehung aufzubauen. Verzweifle nicht, wenn es dir nicht auf Anhieb gelingt all das gelesen zu merken und es in die Praxis umzusetzen. Nimm das Buch immer wieder zur Hand und wiederhole die Passagen, bei denen du dir noch unsicher bist. Hab Geduld mit dir selbst. Es wird nicht immer alles direkt beim ersten Versuch perfekt funktionieren. Doch es lohnt sich für deinen Traum zu kämpfen. Das verspreche ich dir.

Ich hab mich unzählige Male gefragt, ob das alles Sinn macht. Ob ich wirklich den richtigen Weg verfolge. Immerhin habe ich in den letzten 10 Jahren mein Studium geschmissen, meine Heimatstadt verlassen, bin auf viele fast unüberwindbare Herausforderungen getroffen und habe die ein oder andere Situation erlebt, in der ich am liebsten alles hingeworfen hätte. Ich bin nicht zu dem Menschen geworden, der ich bin, weil ich besonders gute Veranlagungen habe. Auch nicht, weil ich nie daran gedacht habe aufzugeben. Um ehrlich zu sein, habe ich schon dutzende Mal fast aufgegeben. Doch dann habe ich mir wieder bewusst gemacht, wofür ich das Ganze mache. Es ist nicht alles Friede, Freude, Eierkuchen auf dem Weg ein Traumleben mit deinem Traumpartner zu erschaffen. Es wird Tage voller Sonnenschein und Tage voller Sturm und Regen geben. Einmal wirst du dich fühlen wie die Königin der Welt und ein anderes Mal fühlst du dich wie ein Stück Scheiße, weil ein Mann dich verlassen hat oder weil deine Erwartungen nicht erfüllt wurden.

Ich habe den tiefen Glauben, dass egal was für eine Entscheidung ich in meinem Leben treffe oder was auch immer mir auf den ersten Blick Schlimmes passiert, sie auf lange Sicht stets etwas Positives in mein Leben zieht. In einem Moment fühlst du dich bombig, weil dutzende Menschen dir zum Geburtstag gratulieren. Im anderen Moment erfährst du, dass einer deiner besten Freunde auf der Intensivstation liegt, weil er sich mit einer Überdosis Schlafmittel umbringen wollte.

Wir alle haben mit unseren Herausforderungen zu kämpfen. Wir alle müssen uns entscheiden. Wir alle, du genauso wie ich, werden von den unerwarteten Wendungen des Schicksals in den Dreck des Lebens nieder gerissen. Die Frage ist nur: „Bleibst du liegen wie ein Häufchen Elend? Bemitleidest dich selbst und siehst dich als Opfer?“ Oder stehst du auf. Kämpfst dich heraus aus dem Meer deiner eigenen Scheiße und beginnst damit für dich und deine Träume einzustehen.

Ich bin ein Kämpfer. Ich habe unendlich viele Schlachten verloren. Vermutlich weitaus mehr als ich gewonnen habe. Doch das ist nicht wichtig. Wichtig ist immer wieder aufzustehen. Den Mist auszuspucken und einen tiefen Atemzug des Lebens zu nehmen bevor man sagt „Jetzt erst recht!“.

Ich wünsche dir viel Erfolg auf deinem Weg, wohin er dich auch führen mag.

Alles Liebe, Dein Darius

Die Entscheidungen waren nur der Anfang von etwas. Wenn man einen Entschluss gefasst hatte, dann tauchte man damit in eine gewaltige Strömung, die einen mit sich riss, zu einem Ort, den man sich bei dem Entschluss niemals hätte träumen lassen.

- Paulo Coelho (Der Alchimist)

ANHANG

Dieses Buch kann natürlich nicht alle Situationen des Lebens abdecken, aber das soll es auch gar nicht. Soziale Interaktionen, Beziehungen - gerade Liebesbeziehungen, sind so unglaublich komplex, dass wir sie nicht vorhersehen können, sie nicht vorher berechnen können. Was wir allerdings sehr wohl können ist es innerlich bereit zu sein. Uns selbst gut vorzubereiten, damit wenn es soweit ist, wir einfach nur noch wir selbst sein können. Damit unser Partner die Schönheit in unserem tiefsten Inneren, in unserem Herzen wahrnehmen kann. Um dich auf diesem Weg zu dir selbst, zu deinem wahren Ich, deiner inneren Schönheit, bestmöglich zu begleiten, habe ich dir nochmal alle Übungen, Artikel und alle Dinge, von denen ich in diesem Buch gesprochen habe, in den online Mitgliederbereich gepackt. Du findest ihn unter: DariusKamadeva.de/unwiderstehlich

Vielleicht fragst du dich nun, wie du das Gelernte, relativ theoretische Wissen praktisch in deinem Leben integrieren kannst. Der einfachste und gleichzeitig effektivste Weg, den ich kenne, ist die 8 Phasen Meditation. Diese Meditation als tägliche Erfolgsgewohnheit in mein Leben zu integrieren, hat mein Leben ultimativ verändert. Ich habe diese Art der Meditation von Vishen Lakhiani, einem Meditationslehrer aus Amerika, gelernt. Er veröffentlichte eine ähnliche Meditation mit 6 Phasen. Du findest sie kostenlos auf Youtube unter „6 Phase Meditation". Sie ist allerdings auf Englisch. Ich habe die Art der Meditation als Grundlage genommen, um darauf aufbauend eine Meditation zu entwickeln, die meinen Anforderungen entspricht. Daraus ist die 8 Phasen Meditation entstanden. Diese wird dir dabei helfen, all das gelernte aus diesem Buch praktisch umzusetzen und mit weniger als 25 Minuten täglich dein Leben für immer zu verändern. Du findest die Meditation im online Mitgliederbereich dieses Buchs. Ich freue mich darauf, weiter mit dir arbeiten und dich auf deinem Weg zu deinem Traumleben und deiner Traumpartnerschaft begleiten zu dürfen.

ÜBER DEN AUTOR

Darius Kamadeva´s Vision ist es, Menschen zu einer glücklichen Beziehung zu sich selbst und anderen zu verhelfen und dadurch eine nachhaltig stabile, liebevolle und wertschätzende Gesellschaft zu erschaffen. Indem er Wissen über den respektvollen und wertschätzenden Umgang mit sich selbst und anderen teilt, ermögliche er jedem Menschen ein höheres Bewusstsein für gute Beziehungen zu entwickeln.

Er begleitet tausende Frauen zu nachhaltig glücklichen und liebevollen Beziehungen zu sich selbst und unterstützen so die Gesellschaft als Ganzes in ihrem Zusammenwachsen. Werte wie Authentizität, Liebe und Selbstbestimmung sind bei ihm nicht nur Lippenbekenntnisse. Sein Ziel ist es eine bessere Zukunft für uns alle und für künftige Generationen zu erschaffen. Das ist auch der Grund weswegen er unentwegt daran arbeitet seine Angebote und deren Erfolge zu verbessern."